SHAKESPEARE E OS BEATLES

EDITORA
NOVA
FRONTEIRA

© 2021 by José Roberto de Castro Neves

Direitos de edição da obra em língua portuguesa no Brasil adquiridos pela EDITORA NOVA FRONTEIRA PARTICIPAÇÕES S.A. Todos os direitos reservados. Nenhuma parte desta obra pode ser apropriada e estocada em sistema de banco de dados ou processo similar, em qualquer forma ou meio, seja eletrônico, de fotocópia, gravação etc., sem a permissão do detentor do copirraite.

EDITORA NOVA FRONTEIRA PARTICIPAÇÕES S.A.
Rua Candelária, 60 – 7.º andar – Centro – 20091-020
Rio de Janeiro – RJ – Brasil
Tel.: (21) 3882-8200

Todos os esforços foram feitos para identificar corretamente a origem das imagens deste livro. Nem sempre foi possível. Teremos prazer em creditar as fontes, caso se manifestem, nas próximas edições.

Dados Internacionais de Catalogação na Publicação (CIP)
(Câmara Brasileira do Livro, SP, Brasil)

Neves, José Roberto de Castro
    Shakespeare e os Beatles : o caminho do gênio / José Roberto de Castro Neves. – 1. ed. – Rio de Janeiro: Nova Fronteira, 2021.
    240 p.

    ISBN 978-65-5640-257-4

    1. Artistas – Inglaterra 2. Artistas – Biografia – História e crítica 3. Beatles (Grupo musical) 4. Beatles – Crítica e interpretação 5. Biografias 6. Shakespeare, William, 1564-1616 – Crítica e interpretação 7. Shakespeare, William, 1564-1616 – Obras dramáticas I. Título II. Série.

21-66280   CDD-709.2

Índices para catálogo sistemático:
1. Artistas : Biografia e obras 709.2
Aline Graziele Benitez – Bibliotecária – CRB-1/3129

José Roberto de Castro Neves

SHAKESPEARE E OS BEATLES

O CAMINHO DO GÊNIO

Editora Nova Fronteira

Para

Doris e Roberto
"Speaking words of wisdom"

Bel
"And I love her"

Gui, João e Duda
"... kids running in the yard"

O homem que não tem música em si,
Que a doce melodia não comove,
É feito para a traição e para o crime;
É como a noite o tom de seu espírito;
Seus sentimentos negros como Erebus;
Não é de confiança. Escuta a música!
(*O mercador de Veneza*, ato V)

The man that hath no music in himself,
Nor is not moved with concord of sweet sounds,
Is fit for treasons, stratagems and spoils
The motions of his spirit are dull as night
And his affections dark as Erebus.
Let no such man be trusted. Mark the music.
(*The Merchant of Venice, act V*)

THE TRAGEDIE OF MACBETH.

Actus Primus. Scœna Prima.

Thunder and Lightning. Enter three Witches.

  1. Hen shall we three meet againe?
In Thunder, Lightning, or in Raine?
  2. When the Hurley-burley's done,
When the Battaile's lost, and wonne.
  3. That will be ere the set of Sunne.
  1. Where the place?
  2. Vpon the Heath.
  3. There to meet with *Macbeth*.
  1. I come *Gray-Malkin*.
All. *Padock* calls anon: faire is foule, and foule is faire,
Houer through the fogge and filthie ayre. *Exeunt.*

Scena Secunda.

Alarum within. Enter King Malcome, Donal-
baine, Lenox, with attendants, meeting
a bleeding Captaine.

King. What bloody man is that? he can report,
As seemeth by his plight, of the Reuolt
The newest state.
Mal. This is the Serieant,
Who like a good and hardie Souldier fought
'Gainst my Captiuitie: Haile braue friend;
Say to the King, the knowledge of the Broyle,
As thou didst leaue it.
Cap. Doubtfull it stood,
As two spent Swimmers, that doe cling together,
And choake their Art: The mercilesse *Macdonwald*
(Worthie to be a Rebell, for to that
The multiplying Villanies of Nature
Doe swarme vpon him) from the Westerne Isles
Of Kernes and Gallowgrosses is supply'd,
And Fortune on his damned Quarry smiling,
Shew'd like a Rebells Whore: but all's too weake:
For braue *Macbeth* (well hee deserues that Name)
Disdayning Fortune, with his brandisht Steele,
Which smoak'd with bloody execution
(Like Valours Minion) caru'd out his passage,
Till hee fac'd the Slaue:
Which neu'r shooke hands, nor bad farwell to him,
Till he vnseam'd him

King. O valiant Cousin, worthy Gentleman.
Cap. As whence the Sunne 'gins his reflection,
Shipwracking Stormes, and direfull Thunders:
So from that Spring, whence comfort seem'd to come,
Discomfort swells: Marke King of Scotland, marke,
No sooner Iustice had, with Valour arm'd,
Compell'd these skipping Kernes to trust their heeles,
But the Norweyan Lord, surueying vantage,
With furbusht Armes, and new supplyes of men,
Began a fresh assault.
King. Dismay'd not this our Captaines, *Macbeth* and
Banquoh?
Cap. Yes, as Sparrowes, Eagles;
Or the Hare, the Lyon:
If I say sooth, I must report they were
As Cannons ouer-charg'd with double Cracks,
So they doubly redoubled stroakes vpon the Foe:
Except they meant to bathe in reeking Wounds,
Or memorize another *Golgotha*,
I cannot tell: but I am faint,
My Gashes cry for helpe.
King. So well thy words become thee, as thy wounds,
They smack of Honor both: Goe get him Surgeons.

Enter Rosse and Angus.

Who comes here?
Mal. The worthy *Thane* of Rosse.
Lenox. What a haste lookes through his eyes?
So should he looke, that seemes to speake things strange.
Rosse. God saue the King.
King. Whence cam'st thou, worthy *Thane*?
Rosse. From Fiffe, great King,
Where the Norweyan Banners flowt the Skie,
And fanne our people cold.
Norway himselfe, with terrible numbers,
Assisted by that most disloyall Traytor,
The *Thane* of Cawdor, began a dismall Conflict,
Till that *Bellona's* Bridegroome, lapt in proofe,
Confronted him with selfe-comparisons,
Point against Point, rebellious Arme gainst Arme,
Curbing his lauish spirit: and to conclude,
The Victorie fell on vs.
King. Great happinesse.
Rosse. That now *Sweno*, the Norwayes King,
Craues composition:
Nor would we deigne him buriall of his men,

SUMÁRIO

Prefácio	16
Nota do autor	22
O gênio	28
Shakespeare e os Beatles existiram?	38
O caminho do gênio	76
Aprendizado	80
Juventude	96
Construindo a identidade	128
Melancolia	146
Maturidade	160
Despedida	196
Epílogo	216
Bibliografia	236

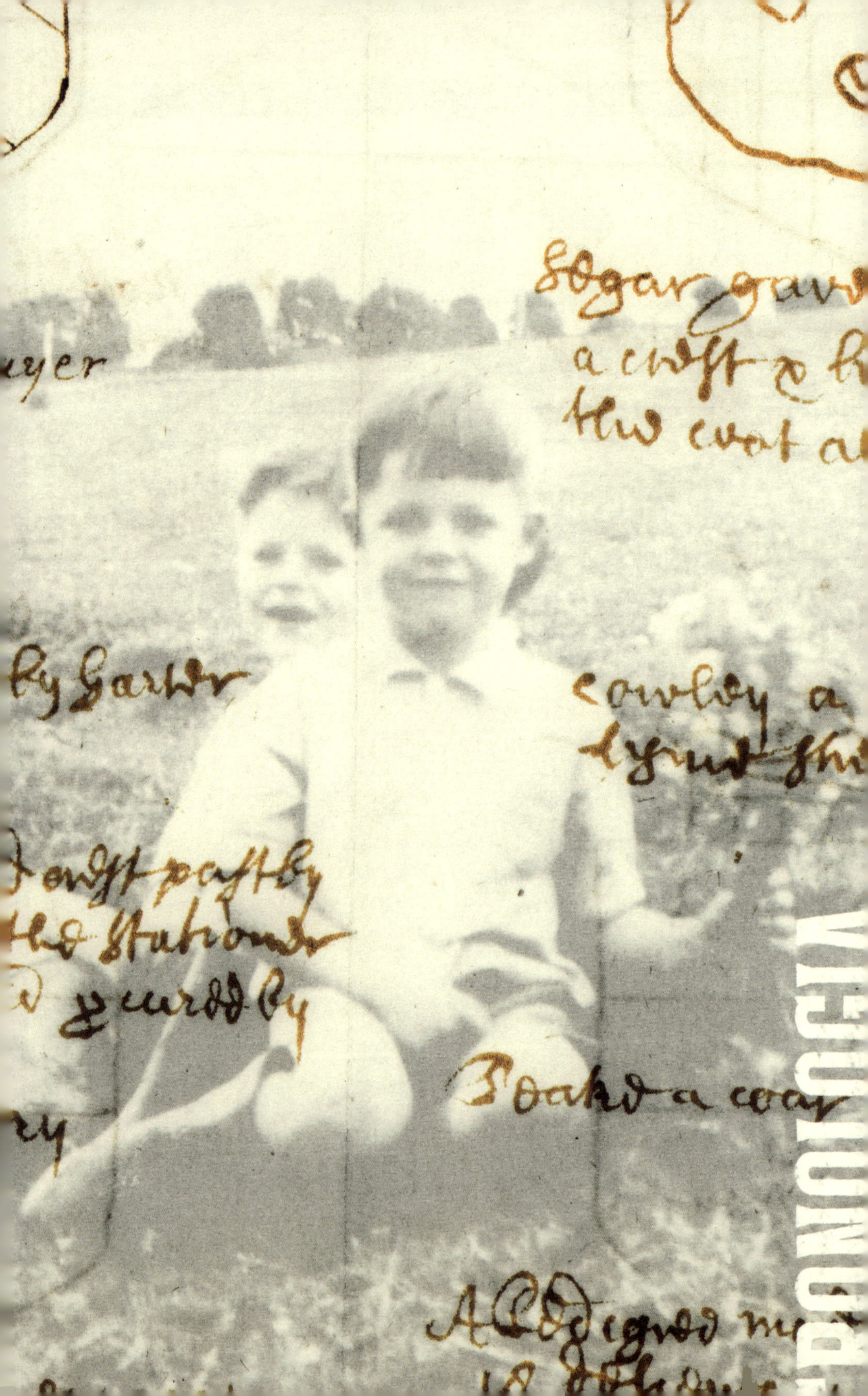

CRONOLOGIA

APRENDIZADO

SHAKESPEARE	BEATLES
1590–1591	**1963**
Os dois cavalheiros de Verona *The Two Gentlemen of Verona*	
1590–1591	
A megera domada *The Taming of the Shrew*	
1591	
Henrique VI, Parte II *Henry VI, Part II* Henrique VI, Parte III *Henry VI, Part III*	
1592	Please Please Me
Henrique VI, Parte I *Henry VI, Part I* Tito Andrônico *Titus Andronicus*	
1592–1593	
Ricardo III *Richard III*	
1594	
A comédia dos erros *The Comedy of Errors*	

JUVENTUDE

SHAKESPEARE	BEATLES
1594–1595	**1963**
Trabalhos de amor perdidos *Love's Labour's Lost* Sonetos 127–154 *Dedicados à "Dark Lady"*	With the Beatles
1595	
Ricardo II *Richard II* Romeu e Julieta *Romeo and Juliet*	
1595	**1964**
Sonho de uma noite de verão *A Midsummer Night's Dream*	A Hard Day's Night Beatles for Sale
1596	
Vida e morte do Rei João *The Life and Death of King John*	
1596–1597	
O mercador de Veneza *The Merchant of Venice* Henrique IV, Parte I *Henry IV, Part I*	
1597–1598	
Henrique IV, Parte II *Henry IV, Part II* As alegres comadres de Windsor *The Merry Wives of Windsor*	

CONSTRUINDO A IDENTIDADE

SHAKESPEARE	BEATLES
1598	**1965**
Muito barulho por nada *Much Ado About Nothing*	Help!
1598–1599	
Henrique V *Henry V*	
1599	
Júlio César *Julius Caesar*	

MELANCOLIA

SHAKESPEARE	BEATLES
1599–1600	**1965**
Como gostais *As You Like It* Noite de Reis *Twelfth Night*	Rubber Soul
1600–1601	
Hamlet *Hamlet, Prince of Denmark*	
1602	**1966**
Troilo e Créssida *Troilus and Cressida*	Revolver
1603	
Medida por medida *Measure for Measure*	

MATURIDADE

SHAKESPEARE	BEATLES
1604	**1967**
Otelo / *Othello* Tudo bem quando bem termina / *All's Well That Ends Well*	Sgt. Pepper's Lonely Hearts Club Band Magical Mistery Tour
1605	
Tímon de Atenas (com Thomas Middleton) / *Timon of Athens*	
1605–1606	**1968**
Rei Lear / *King Lear*	White Album
1606	**1969**
Macbeth / *Macbeth* Antônio e Cleópatra / *Antony and Cleopatra*	Yellow Submarine
1607	
Péricles (com George Wilkins) / *Pericles*	
1608	
Coriolano / *Coriolanus*	

DESPEDIDA

SHAKESPEARE	BEATLES
1609 Conto de inverno *The Winter's Tale*	**1969** Let It Be Abbey Road
1610 Cimbelino *Cymbeline, King of Britain*	
1611 A tempestade *The Tempest*	
1613 Henrique VIII (com John Fletcher) *Henry VIII*	
1613–1614 Os dois primos nobres (com John Fletcher) *The Two Noble Kinsmen*	

PREFÁCIO

Shakespear of Player
by Garter

Tomout a poudut by Garter

PREFÁCIO

Quando José Roberto de Castro Neves falou sobre seu novo livro, a ideia me pareceu excêntrica, porém interessantíssima. Imaginei que fosse uma versão contemporânea das *Vidas paralelas,* de Plutarco, tendo como protagonistas Shakespeare e os Beatles. De repente, instilou-se em mim uma dúvida telefônica: será que as duas entidades e as cinco biografias teriam mesmo coisas em comum?

Já no início da leitura, percebi que a tese se amparava em premissas sólidas: é verdade que as obras de Shakespeare e dos Beatles se tornaram, com o passar do tempo, cada vez mais refinadas. Se compararmos, por exemplo, a canção "I Want To Hold Your Hand" e as primeiras peças do Bardo, imitadas dos clássicos, com a arquitetura de *Sgt. Pepper's,* do lado dos Beatles, e a complexidade dramatúrgica de *Hamlet* ou de *Rei Lear,* percebemos que há, em ambos os casos, um imenso progresso. Ponto para José Roberto.

Em contrapartida, a relação entre as diversas fases da dramaturgia shakespeariana e os álbuns dos Beatles não me parecia tão clara. Aliás, a própria concepção do gênio — reafirmada tanto por José Roberto como por Harold Bloom — nunca me convenceu. Por acaso, conheci algumas pessoas que mereciam o título, pela memória, o humor ou o talento. Mas a ideia de gênio me parece evocar o espírito que emerge da lâmpada de Aladim. Ou, em versão mais irônica, o desabafo de Oswald de Andrade: "Viva a rapaziada! O gênio é uma longa besteira."

À medida que lia o livro de José Roberto, no entanto, comecei a achar sua hipótese plausível. Tudo bem, já nos acostumamos a considerar Shakespeare um gênio. O escritor alemão Wolfgang Goethe dizia mais: "A primeira página dele (Shakespeare) que li foi uma identificação para toda a vida, e, quando a terminei, fiquei como um cego de nascença, a quem um gesto milagroso concede, num instante, a visão." Em suma, Goethe considerava que, além de grande poeta, Shakespeare tinha superpoderes como Jesus Cristo ou o Super-Homem — não o de Nietzsche, o das histórias em quadrinhos.

Historiadores do passado costumavam discutir se o que prevalece na vida dos grandes artistas é o talento individual ou o sopro benevolente das circunstâncias. Qual dos dois teria sido mais forte no caso dos heróis do livro de José Roberto? Na conjuntura em que Shakespeare floresceu, percebe-se a convergência do talento e da circunstância. Assim que o poeta se tornou maduro, havia um mercado ávido de novas peças. Muitos dos seus concorrentes — Marlowe, Greene e Kyd — morreram pelo caminho. Não sei como Oscar Wilde resistiu à tentação de escrever um conto em que Shakespeare fosse um *serial killer* e matasse, um a um, todos os seus rivais. Logo Wilde, que dizia resistir a tudo, menos à tentação.

E no caso dos Beatles? José Roberto responde à pergunta e explora semelhanças biográficas. São rapazes de origem popular, sem formação acadêmica, como William. E acrescenta que tanto Shakespeare como os Beatles participaram de momentos de explosão criativa. Se o poeta tivesse nascido trinta anos antes, não teria a seu dispor a difusão do chamado verso branco, usado na tradução dos clássicos; se nascesse trinta anos depois, não chegaria a tempo de surfar no apogeu do teatro elisabetano. Se os Beatles, por sua vez, se atrasassem um ou dois anos, encontrariam seu lugar ocupado por uma (ou muitas) das dezenas de bandas que surgiram no princípio dos anos 1960.

O livro de José Roberto de Castro Neves também ajuda a demolir mitos persistentes. Afirma, por exemplo, que Shakespeare é o próprio Shakespeare, ao contrário de tantas versões malucas sobre a identidade do Bardo. Incomoda os eruditos o fato de que um rapaz interiorano, de família mediana, sem acesso à universidade, tenha sido capaz de se tornar o dramaturgo mais lido e encenado de todos os tempos. Talvez porque sua formação de autodidata, entre outras qualidades, tenha-lhe conferido a liberdade de escrever o que desse na veneta, sem o pudor dos literatos de gabinete. Enquanto um poeta erudito como John Milton queimava as pestanas para produzir um neologismo, Shakespeare usava sem cerimônia as palavras que acabara de aprender na feira ou na leitura de um livro de segunda categoria, como a história de Romeu e Julieta. Assim compunha versos inconcebíveis dentro da tradição, pela estranheza e pela beleza selvagem. Com o tempo, suas invenções se tornaram o cânone.

Como se não bastasse, Shakespeare conseguiu agradar a gregos e goianos. Sabia escrever um discurso chique, em palavras palacianas, e, em seguida, o que se chama em dramaturgia de *comic relief*, o alívio cômico. Sabia ser Sêneca, o trágico, mas também sabia ser Molière, que ainda nem tinha nascido. Repertório para tanto não lhe faltava. Só para designar a genitália feminina, por exemplo, Shakespeare usa 68 palavras, coligidas pelo filólogo Eric Partridge. Entre as quais *blackness* (negritude), *low countries* (países baixos, igualzinho ao português) e, num prodígio de anglocentrismo, *Spain* (Espanha). Esta última certamente contendo certa ironia geopolítica, já que a Inglaterra havia derrotado, em 1588, a Armada Espanhola, conhecida por "a Invencível".

José Roberto faz analogias brilhantes entre as duas épocas e a vida de seus protagonistas. A mais triste fala das perdas sofridas por John e Paul, ambos órfãos de mãe, e da morte de Hamnet, único filho homem de William. Relembra também as belas canções compostas por John e Paul a propósito de suas mães, "Julia" e "Let It Be". Já sobre Hamnet, menciona o fato de que a famosa peça de Shakespeare ganhou nome quase idêntico ao de seu filho morto: *Hamlet*. Para não mencionar a presença de um fantasma, pai do protagonista. Talvez o poeta pudesse dialogar assim — ficcionalmente, pelo menos — com o filho morto e também com seu falecido pai.

O livro de José Roberto também reconta, com admirável poder de síntese, os principais passos da carreira dos Beatles e de Shakespeare. Desde os anos obscuros (*lost years*, para os íntimos) da biografia do poeta, dos quais há versões para todos os gostos, passando pelas primeiras andanças dos Beatles até chegarem ao botequim de Liverpool chamado Cavern Club, só comparável, em matéria de prestígio metafísico, à caverna de Platão.

Sobre a posteridade de Shakespeare, já não é mais preciso discutir. Sua presença na língua inglesa é tão intensa que se conta o caso de um cidadão pouco letrado que, após assistir a uma de suas peças, declarou: "Mas esse cara só escreve frases feitas..." É verdade. "Ser ou não ser, esta é a questão." "Há algo de podre no reino da Dinamarca." "A vida é uma história cheia de som e fúria, contada por um idiota, significando nada." Hoje, as frases de Shakespeare pertencem não apenas à língua inglesa, mas ao repertório do planeta.

E como avaliar a posteridade dos Beatles? Já nos acostumamos a considerar eternas pelo menos algumas canções da banda. No final dos anos 1960, todavia, me lembro de discutir o futuro do grupo com o poeta Paulo Mendes Campos, que era o melhor amigo de meu pai. Para minha estupefação, Paulo me assegurou de que a memória deles desapareceria em alguns meses. Usei todos os argumentos ao meu alcance para demovê-lo dessa ideia. Em vão. Lembro-me de meu prazer vingativo ao mostrar-lhe, alguns anos mais tarde, a tradução da letra da canção "Blackbird", de Lennon e McCartney, feita por ninguém menos do que Carlos Drummond de Andrade, guru dele e de todos nós.

Cinquenta anos depois do fim da banda, permito-me uma pesquisa doméstica. Tenho três safras de filhos. O primeiro é beatlemaníaco de carteirinha. O segundo prefere os Rolling Stones. O menor, do alto de seus seis anos, pediu ao barbeiro que lhe cortasse o cabelo igualzinho ao de John Lennon. Na pior das hipóteses, pelo menos aqui em casa, os Beatles garantiram sua posteridade capilar.

Em suma, ao fazer a ponte poética entre mundos tão vastos e distantes, José Roberto de Castro Neves nos proporciona um guia do lirismo à inglesa, desde a virada dos séculos XVI–XVII até a segunda metade do século XX. De posse dele, o leitor curioso ganha o direito e o privilégio de preencher a seu modo as lacunas entre Shakespeare e os Beatles, entre um tempo e outro. E nós, que usufruímos de sua leitura, agradecemos a José Roberto por sua generosidade, engenho e arte.

Geraldo Carneiro
Julho de 2020

REVOLVER

Capitol
RECORDS

NOTA DO AUTOR

> **PANDARUS**: Que música é essa?
> **CRIADO**: Só sei em parte, senhor; é música em várias partes.
> **PANDARUS**: Conheces os músicos?
> **CRIADO**: Inteiramente, senhor.
> **PANDARUS**: Para quem eles tocam?
> **CRIADO**: Para os ouvintes, senhor.
> **PANDARUS**: Ao prazer de quem?
> **CRIADO**: Do meu, senhor, e de todos os que amam a música.
>
> – *Troilo e Créssida*, ato III, cena 1[1]

Quando começou meu interesse por Shakespeare? Não tenho a menor ideia. Mas me lembro bem de quando ganhei dos meus pais duas fitas cassetes: a de *Os reis do iê-iê-iê* — a tradução feiosa de *A Hard Day's Night* — e de *Help!* Tinha sete ou oito anos. Ouvia repetidamente as fitas e logo conheci todas as canções de cor — ou, ao menos, o som delas, pois não sabia falar bem inglês. Com o tempo, adquiri outros discos e as músicas foram ganhando sentido diferente. Curioso, lia tudo sobre a banda. John, Paul, George e Ringo foram meus primeiros ídolos. Os Beatles me acompanharam — e assim segue sendo.

Com Shakespeare, a paixão veio mais tarde, embora eu não consiga identificar precisamente quando. No final da adoles-

---

[1] Pandarus: [...] What music is this?/ Servant: I do but partly know, sir; it is music in parts./Pandarus: Know you the musicians?/ Servant: Wholly, sir./ Pandarus: Who play they to?/Servant: To the hearers, sir./ Pandarus: At whose pleasure, friend?/ Servant: At mine, sir, and theirs that love music. (The History of Troilus and Cressida, act III, scene I)

cência, já conhecia algumas peças. Lembro-me de, ainda bem jovem, ler fascinado *Romeu e Julieta*. Com o passar dos anos — o que se agravou pelo cacoete de professor universitário —, dediquei-me a estudar o cânone shakespeariano. Em relação a ele, há sempre algo a aprender. Hoje, tenho a impressão de que Shakespeare é um amigo de infância, com quem dividi momentos importantes desde pequeno.

James Joyce, questionado sobre qual obra levaria para uma ilha deserta, disse: "Gostaria de responder: Dante, mas teria que levar o inglês, porque é mais fecundo." Como bom irlandês, Joyce não demonstra ostensivamente sua admiração por Shakespeare ("o" inglês!), mas, por honestidade, acaba por confessar que seria sua opção.

Minha eleição pelo Bardo — como Shakespeare é comumente referido — não sofreria qualquer censura. Se, em contrapartida, fosse indagado sobre qual música levaria para a ilha, escolheria algo do quarteto de Liverpool. Com essa companhia, o arquipélago se transformaria na Ilha de Próspero de *A tempestade* — a última peça que Shakespeare escreveu sozinho, habitada por seres extraordinários —, e jamais me sentiria absolutamente só.

Também não saberia responder qual a minha peça preferida de Shakespeare. Dependendo da época — ou seja, do momento da minha vida, ou mesmo do meu humor —, algumas obras me falam mais e recobram novos significados. O mesmo com a discografia dos Beatles. Todas as fases guardam algo muito especial. Apaixona-se por *Abbey Road*, mas logo se vê a beleza de *Rubber Soul* ou se encanta com *Please Please Me*. Talvez o disco preferido seja aquele que está tocando, assim como a melhor peça seja a última que se viu ou leu.

Harold Bloom, um dos maiores críticos literários da história, registrou que, se lhe pedissem que definisse a grande faculdade de Shakespeare, diria a "superioridade de intelecto, e, nisso, creio estar incluindo tudo".[2] Se nos questionassem quanto à grande faculdade dos Beatles, talvez pudéssemos apontar a superioridade da sensibilidade. Shakespeare e Beatles não são apenas infinitamente admiráveis, mas fonte de muito prazer intelectual e aprendizado.

Pela adoração a Shakespeare e aos Beatles, eu os encontro em muitos lugares. A máxima cristã, por exemplo, foi perfeitamente sintetizada pelos Beatles: "All You Need is Love". Foi essa a mensagem de Jesus Cristo. Em *Dom Casmurro*, Machado de Assis, além de outras diversas referências literárias, faz alusão a quatro obras de Shakespeare: *As alegres comadres de Windsor*, *O rapto de Lucrécia*, *Macbeth* e *Otelo*. Com relação a esta última, encontram-se em *Dom Casmurro* várias alusões, e até mesmo citações de falas. Bentinho, o narrador do romance, no capítulo CXXXV, vai assistir a *Otelo* no teatro — pelo personagem qualificada como "a mais sublime tragédia deste mundo". Roberto Carlos, o rei, grande intérprete e compositor brasileiro, cantou, em "Cavalgada", que, quando ama sua mulher, "estrelas mudam de lugar, chegam mais perto só para ver". Ele, possivelmente sem se dar conta, repetia Oberon, personagem shakespeariano de *Sonho de uma noite de verão*, segundo quem "estrelas ordeiras deixavam, loucas, suas órbitas/ Para ouvir a canção da sereia".[3] Caetano Veloso reclama, numa linda canção do amor perdido: "você não me ensinou a te esquecer". Da mesma forma, Romeu, o jovem amante mais popular da literatura ocidental, lamenta o amor desfeito: "eu não aprendo a esquecer".

Há, contudo, também muito de Shakespeare nos Beatles e muito dos Beatles em Shakespeare.

---

2   BLOOM, Harold. *Gênio*. Rio de Janeiro: Objetiva, 2003, p. 32.
3   "*And certain stars shot madly from their spheres/ To hear the sea-maid's music.*" (*A Midsummer Night's Dream*, act II, scene 1)

Evidentemente, esses dois artistas fenomenais (considerando-se a união de quatro músicos numa única banda como um artista) se manifestaram por meios distintos. Shakespeare escrevia poemas e peças, enquanto os Beatles eram músicos — e também escreviam suas canções. Uma mesma história narrada numa peça e numa canção seguirá sendo a mesma história, mas a diferença da forma normalmente estabelecerá uma experiência muito diferente. Muitas vezes, lemos um livro e vemos o filme baseado nesse mesmo livro. São experiências inconfundíveis. Em geral, um dos meios nos agrada mais, mas a comparação não parece justa, porque, ao fim, são propostas díspares. No cinema, por exemplo, há a imagem — um recurso de comunicação direto e imediato —, ao passo que o livro nos permite imaginar essa imagem. Línguas diferentes.

Embora tratando dos mesmos assuntos, Shakespeare e os Beatles tiveram cada um sua arte própria, valendo-se de um meio de comunicação distinto. Não há comparação entre eles. Existem, contudo, inúmeras e consistentes semelhanças.

Há algum tempo, de fato, percebi que Shakespeare e os Beatles haviam trilhado caminhos comuns. Não se trata de uma tese, mas de uma declaração de amor. Curiosamente, não percebi isso olhando para eles, mas olhando para mim mesmo, numa viagem introspectiva. É a essa mesma viagem que convido o leitor.

José Roberto de Castro Neves
Rio de Janeiro, março de 2021

Em tempo, boa parte das traduções das passagens shakespearianas citadas neste trabalho parte da obra de Bárbara Heliodora e Liana Leão. Por vezes, mudei-as um pouco — e não há nada de mal nisso, pois é tudo culpa da generosidade de Shakespeare, que permite tantas interpretações válidas. Com relação às traduções dos Beatles para o português, sou o único culpado se houver imprecisões.

Mais importante: tenho de agradecer muitíssimo aos meus grandes mestres em Shakespeare — Fernanda Medeiros, José Roberto O'Shea e Liana Leão. Esses três cultos professores leram os originais, iluminando-me com boas ideias e informações preciosas. Se algum erro persistir, deve-se à minha teimosia (ou à minha interpretação particular). O Bardo permite isso: cada um pode ter seu próprio Shakespeare, e nisso consiste uma das maravilhas da sua generosidade. Agradeço imensamente ao imortal poeta e shakespeariano Geraldo Carneiro, que, com afeto e sensibilidade, me honrou com uma doce apresentação para este trabalho. Devo muito também a Paulo César de Barros Melo, Luiz Eduardo de Castro Neves, Luiz Bernardo Rocha Gomide e Patricia Klien, amigos inteligentes e sensíveis, a quem submeti o trabalho e que o enriqueceram com valiosas críticas. Registro minha enorme gratidão a eles.

O GÊNIO

O GÊNIO

Não façam barulho, meus amigos;
A não ser que mão leve e benfazeja
Sussurre música ao meu espírito.

Let there be no noise made, my gentle friends,
Unless some dull and favorable hand
Will whisper music to my weary spirit.

– Henrique IV, part 2, act IV, scene 3

"Inteligência" é uma palavra pequena para a ampla quantidade de coisas que cabem nela. Existem diversas habilidades distintas e específicas que, por falta de outro, chamamos por esse mesmo nome.

Por vezes, qualificamos de inteligente uma pessoa dotada de um raciocínio veloz ou que consegue rapidamente dominar alguma tarefa. Também o fazemos com aquelas que gozam de boa memória e conseguem decorar informações com facilidade.

Ainda consideramos inteligente quem possui criatividade brilhante. Inteligente também será aquele com aguda capacidade de associação de fatos — esses, normalmente, são os mais engraçados, pois soltam trocadilhos e graciosas comparações. Inteligente, ademais, é quem consegue antever os acontecimentos, como um bom enxadrista, que antecipa movimentos futuros com clareza e precisão. Os exemplos continuam, em profusão. Além disso, claro: é uma radiosa inteligência, por si só, conseguir identificar a inteligência dos outros, numa forma de compreender e apreciar as pessoas que nos cercam.

Inteligência não é algo bifásico, previsível. Ao contrário, admite as mais extremas variações, que vão desde a escassez absoluta até o excesso completo, ultrapassando os limites da compreensão de quase todos. Por vezes, encontramos alguém extremamente iluminado para um fim, mas com dificuldades singelas para outro. Dizem, para citar um caso, que Mozart, embora dono de uma fulgurante capacidade de composição musical, tinha a ingenuidade de uma criança. O mesmo se fala de Garrincha, gigante na sua habilidade motora, um dos maiores jogadores de futebol de todos os tempos, mas com dificuldades para determinadas atividades da vida comum. Brilhante para algumas coisas, limitado para outras.

Na história, a humanidade se deparou com alguns poucos que, em algum campo e de alguma forma, demonstraram inteligência extraordinária, sublime, muito acima das demais. Nós os chamamos de gênios.

Não há uma forma objetiva de identificar o gênio. Mais ainda, assistimos a certa tendência a qualificar qualquer Inteligência como genial. Como sói acontecer, o uso exagerado e sem critério desse conceito acaba por tirar a sua força (matamos, por assim dizer, o termo "gênio" num verbicídio). Afinal, o que seria do gênio se todos fossem gênios?

Porém, mesmo se formos extremamente rigorosos em atribuir esse título a alguém, encontraremos, ao longo da história, alguns gênios indisputados, como, por exemplo, Leonardo da Vinci, William Shakespeare, Mozart, Beethoven, Albert Einstein e... os Beatles.

Muitos deles são artistas, pois, afinal, como registrou Hannah Arendt, "a fonte imediata da obra de arte é a capacidade humana de pensar".[4] O artista pensa e, assim, manifesta sua inteligência. Como exteriorização de um pensamento, as obras de arte — como músicas, quadros, livros, peças teatrais — permanecem mais resistentes ao tempo.

O verdadeiro gênio transforma o mundo ao seu redor. Cria novos paradigmas. O físico e filósofo Thomas Kuhn escreveu valioso trabalho intitulado *A estrutura das revoluções científicas*. Segundo ele, "quando mudam os paradigmas, muda com eles o próprio mundo. Guiados por um novo paradigma, os cientistas adotam novos instrumentos e orientam seu olhar em novas direções. E o que é ainda mais importante: durante as revoluções, os cientistas veem coisas novas e diferentes quando, empregando instrumentos familiares, olham para os mesmos pontos já examinados anteriormente. É como se a comunidade profissional tivesse sido subitamente transportada para um novo planeta, onde objetos familiares são vistos sob uma luz diferente e a eles se apregam objetos desconhecidos".[5] Quando surge uma dessas inteligências supremas, suas obras, uma vez assimiladas, têm precisamente este efeito: estabelecem novas formas de apreciação porque alteram os modelos. Agentes de ruptura são, assim, revolucionários.

---

4   ARENDT, Hannah. *A condição humana*. 11ª ed. Rio de Janeiro: Forense Universitária, 2010, p. 210.

5   KUNH, Thomas. *A estrutura das revoluções científicas*. 9ª ed. São Paulo: Perspectiva, 2007, p. 147.

RETRATO DE SHAKESPEARE, POR MARTIN DROESHOUT (1623)

    O gênio não nasce isolado. Para que se desenvolva, é necessário um ambiente de estímulo (e até de certa concorrência). Como mostra a história, o gênio é fruto de uma sociedade que permitiu seu desabrochar. Na Grécia Clássica, por exemplo, quatro séculos antes da nossa era, um grupo de extraordinários pensadores — entre eles, Ésquilo, Sófocles, Sócrates e Platão —

surgiu no mesmo momento. A interação, num ambiente propício, mostrava que um mais um é mais do que dois. Fenômeno semelhante ocorreu na Renascença italiana, ao final do século XV, com artistas como Michelangelo, Leonardo da Vinci e Rafael. A sociedade não cerceava a criatividade, mas, ao revés, ansiava por descobertas. Já se disse que Proust possivelmente não desenvolveria seu talento como romancista se tivesse nascido numa tribo de esquimós... Como se disse, o gênio precisa de liberdade e estímulo — e a comunidade também é responsável pela existência do gênio.

A Inglaterra de Shakespeare, na virada do século XVI para o seguinte, viveu um momento de grande liberdade (mormente se comparado com o resto do mundo ocidental do mesmo período). Havia acabado de derrotar a Espanha, vencendo a "Invencível Armada" em 1588. O país estava exultante, cheio de amor-próprio. Londres, com cerca de 200 mil habitantes, se desenvolveu a ponto de se tornar uma das mais prósperas cidades da Europa, embora suas casas ainda fossem feitas de madeira e suas ruas, estreitas e sujas (não havia sistema de esgoto adequado e o centro urbano ficava sujeito à constante disseminação de pestes e epidemias, quando as pessoas eram submetidas a quarentenas e todo o comércio era fechado. As piores se deram em 1593 e 1603). Londres ainda era uma cidade murada. Para ingressar, era necessário cruzar um de seus portões — Cripplegate, Moorgate, Aldgate, Ludgate, para citar alguns cujos nomes ainda são conhecidos até hoje, embora as construções já não existam. Em contrapartida, havia, na Inglaterra, um grau de escolaridade sem rival na Europa de então.

Com o Estado fortalecido, questionava-se a autoridade da Igreja: mais especificamente, com a Reforma Protestante, a força da Igreja foi substituída pela força da Bíblia. A carreira militar também perdera sua primazia. A ascensão social e econômica se

OS BEATLES EM 1963

dava por diversos meios, como a vida religiosa, a atuação como homem da lei, a prática do comércio, a política e a atividade de entretenimento.

Os habitantes de Londres, nobres e plebeus, frequentavam o teatro para discutir os grandes temas, fossem eles políticos ou relacionados à natureza humana. Sentiam-se os ecos da Renascença, com a redescoberta da literatura grega e romana. Naquela época, além de Shakespeare, havia outros dramaturgos e pensadores de grande talento.

A Inglaterra dos Beatles, de forma semelhante, respirava um ambiente de estímulos. A Segunda Grande Guerra acabara havia pouco, e o país saíra como um dos vencedores. Uma nova geração buscava reconstruir a Europa a partir das ruínas deixadas pelo severo conflito, sem os traumas dos pais (muitos dos

OS BEATLES EM 1968

quais se tinham engajado diretamente nos combates). Havia fácil acesso a drogas e a novos métodos anticoncepcionais, que permitiam uma ousadia sexual até então pouco explorada. Os jovens, entusiasmados com tantas fronteiras novas a desbravar, queriam encontrar uma identidade, e a música servia como língua comum.

Tanto Shakespeare como os Beatles viveram num mundo em transformação, época de profundas mudanças, período de reconstruções. Um tempo no qual o gênio podia florescer.

Por mais rigoroso que sejamos com o conceito de "gênio", tanto Shakespeare como os Beatles seguramente se enquadram nessa definição. Ambos serviram (e servem) como constante fonte de inspiração. O intelectual e polímata Thomas Carlyle (1795-1881), ao estudar os heróis, coloca o Bardo de Stratford no púlpito, registrando que "o intelecto de Shakespeare é o maior dos intelectos".[6] Suas obras nos fascinam e nos fazem pensar. Apesar de concebidas há tempos (no caso de Shakespeare, já se passam quatro séculos; no dos Beatles, mais de meio), encontramos sempre mais e mais motivos para conhecê-las melhor.

Como o objetivo e a vocação da humanidade são o aperfeiçoamento, os gênios servem como modelos. Neles miramos para aprender e para nos superarmos. Com eles, renovamos o respeito à natureza humana.

A reação das pessoas diante desses verdadeiros gênios é variada. Muitos ficam maravilhados, assombrados, mesmerizados. Outros, diferentemente, sentem-se oprimidos diante de tanta luz. Há, ainda, alguns que se veem tomados pelo despeito, pela inveja. (Conta-se que, no início da Revolução Russa, Trótski era tido como dono de uma inteligência fulgurante. Numa reunião do Partido, teria chamado Molotov, outro líder revolucionário, de "encarnação da mediocridade", ao que este prontamente respondeu: "A ninguém é dado ser gênio. Apenas tenho orgulho de ter força de vontade e energia." Um grito contra quem era considerado genial.)

Ora endeusados, ora crucificados. Não raro, porém, questiona-se não só a qualidade e a extensão do talento dos gênios, mas também a sua própria existência.

---

[6] CARLYLE, Thomas. *Os heróis e o culto dos heróis*. São Paulo: Cultura Moderna, s/d, p. 125.

Durante algum tempo, defendeu-se que Paul McCartney havia morrido num acidente em 1966, o que ensejou um sem-fim de especulações estapafúrdias e, como se viu, falsas.

Shakespeare, por sua vez, deparou-se, ao longo do tempo, com uma legião de admiradores apaixonados — a ponto de incitar a "bardolatria" —, mas também com alguns que duvidaram de que fosse o autor das obras que lhe são atribuídas.

SHAKESPEARE E

SHAKESPEARE E OS BEATLES EXISTIRAM?

Pois veja, então, que coisa sem importância fazes de mim. Queres me tocar, pareces conhecer meus controles; queres arrancar o âmago do meu segredo; fazer-me soar da minha nota mais baixa até o alto da minha escala; e há muita música, voz excelente neste pequeno órgão, e, no entanto, não podes fazê-lo falar. Por Deus, pensas acaso que sou mais fácil de tocar do que uma flauta? Chama-me do instrumento que te aprouver; mesmo podendo dedilhar-me, não me podes tocar.

– *Hamlet*, ato III, cena 2[7]

William Shakespeare foi batizado no dia 26 de abril de 1564. Há um registro desse acontecimento na Igreja da Santíssima Trin-

---

[7] *Why, look you now, how unworthy a thing you make of me! You would play upon me; you would seem to know my stops; you would pluck out the heart of my mystery; you would sound me from my lowest note to the top of my compass: and there is much music, excellent voice, in this little organ, yet cannot you make it speak. 'Sblood, do you think I am easier to be played on than a pipe? Call me what instrument you will, though you can fret me, yet you cannot play upon me.*

RETRATO DE CHANDOS, POR JOHN TAYLOR (1610)

dade, em Stratford-upon-Avon, localizada no centro da Inglaterra. Não se sabe ao certo quando ele nasceu, mas como era comum batizar as crianças com três dias de vida, convencionou-se comemorar seu aniversário no dia 23 de abril (o mesmo em que ele viria a morrer, 52 anos depois). Essa data era, ademais, conveniente, pois se trata do dia de São Jorge, padroeiro da Inglaterra.

Foi por sorte que o pequeno William sobreviveu. A peste castigava Stratford, dizimando famílias. Registros mostram que, por conta da epidemia, a cidade foi arrasada: 15% de sua população pereceu. Porém, entre as crianças, a taxa de mortalidade se

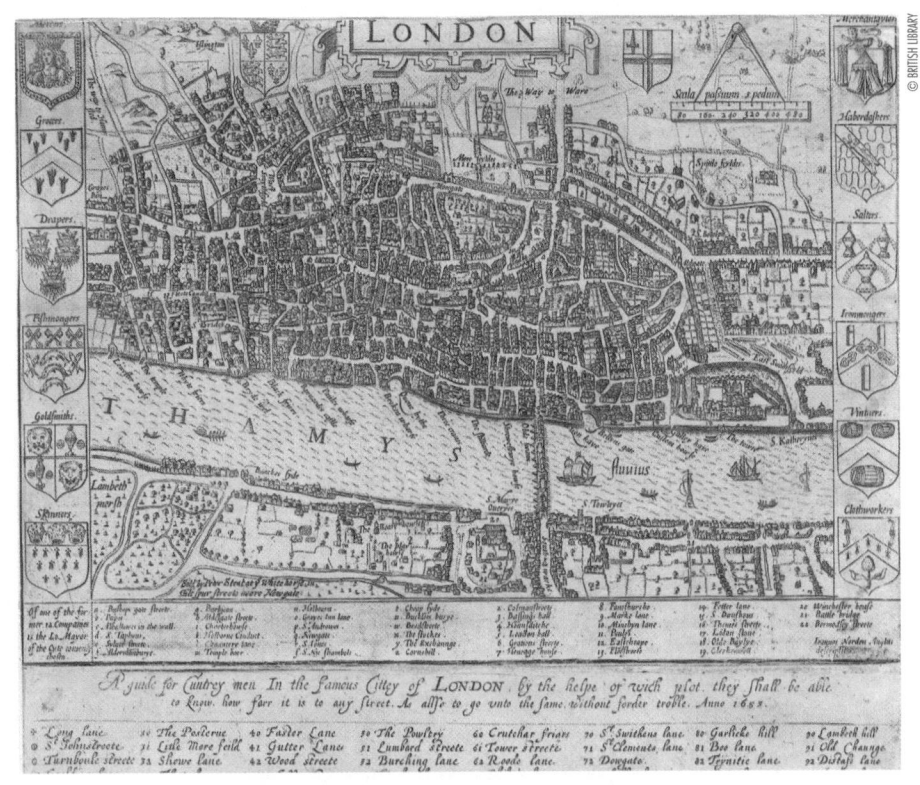

STRATFORD-UPON-AVON NA ÉPOCA DE SHAKESPEARE, POR JOHN NORDEN (1593)

aproximou dos 70%. Tratava-se, de fato, de um terrível ataque da peste bubônica — a qual Shakespeare ainda veria em dois outros surtos durante sua vida.

Stratford era uma cidade modesta, com cerca de 2.500 habitantes. Contudo, pela sua localização, recebia, ocasionalmente, trupes itinerantes de atores, que nela se apresentavam. O pequeno William provavelmente teve sua primeira experiência com teatro assistindo a esses saltimbancos.

O pai de Shakespeare, John, passou por uma série de ocupações, como luveiro, açougueiro e comerciante de lã. Chegou a gozar de proeminência na política local, tornando-se prefeito da cidade. Entretanto, quando o jovem William era ainda adolescente, caiu em desgraça por uma suposta sonegação de impos-

▲ OLD GRAMMAR SCHOOL, A ESCOLA DE SHAKESPEARE

tos. A mãe de Shakespeare, Mary, por sua vez, vinha de uma das mais abastadas famílias da região: os Arden. John e Mary tiveram sete filhos, mas poucos sobreviveram. William foi o terceiro (duas moças o antecederam) e o mais velho a manter-se vivo, pois suas irmãs mais velhas faleceram na infância.

Entre outros desacertos, John Shakespeare tomou empréstimos que não pôde pagar e acabou por perder seu pequeno lote de terra, recebido no dote de casamento de sua mulher, Mary Arden. Humilhado, John se afastou completamente da vida social. Sequer ia a Igreja, seja por vergonha, seja para evitar os credores.

Consta que o jovem Shakespeare estudou numa escola pública em Stratford, a King's New School — fundada pelo rei Eduardo VI, em 1553. Tratava-se de uma grande sala, em cima

SALA DE AULA DE SHAKESPEARE

da prefeitura local, na qual as turmas eram divididas conforme a idade das crianças. Os meninos ingressavam com quatro ou cinco anos na chamada *Petty School*, para, a partir de então, serem alfabetizados. Era a "escola das primeiras letras". Em seguida, quando contavam com aproximadamente sete anos, passavam para a *Grammar School*. Havia, espalhadas pela Inglaterra, escolas exigentes, que seguiam um currículo bem definido.

O curso exigia dedicação. Os alunos — apenas meninos — passavam praticamente o dia inteiro em sala de aula, de segunda a sábado, doze meses por ano. A jornada era longa: os alunos iniciavam as atividades às seis da manhã e, com alguns intervalos para oração, permaneciam no colégio até as cinco da tarde.

Os meninos recebiam lições de latim, a língua culta da época. Familiarizavam-se, entre outras, com as obras clássicas de

Ovídio, Sêneca, Cícero, Virgílio, Plutarco e Terêncio, assim como com a história da Inglaterra (no futuro, Shakespeare se valeu dessas fontes). Meninos e rapazes aprendiam a decorar e recitar textos. Os professores, bem pagos, normalmente haviam cursado as universidades de Oxford ou Cambridge, as maiores instituições de ensino da Inglaterra. No período em que Shakespeare teria frequentado a escola pública de Stratford, os professores responsáveis — John Acton, Simon Hunt e Thomas Jenkins — eram todos egressos de Oxford.

Em função da disseminação da imprensa na Inglaterra, acredita-se que, por meados do século XVI, mais da metade da população inglesa era alfabetizada. Essa quantidade, naquele momento histórico, é impressionante. O cuidado com a educação na Inglaterra dos Tudor foi um dos fatores responsáveis pelo fantástico desenvolvimento daquela nação.

Como era de se esperar, não há muitos registros da infância do dramaturgo. Existem, como se mencionou, documentos provando que seu pai, John, enfrentou problemas financeiros a partir de 1576, quando William ainda era jovem. Sabe-se, também, que, aos 18 anos, em 1582, Shakespeare se casou com uma mulher mais velha, Anne Hathaway, que contava então com 26 anos. O casamento ocorreu às pressas, em novembro de 1582, porque Anne estava grávida da primeira filha do casal, Suzanna, que nasceu em maio de 1583.

Dois anos depois, em 1585, vieram os gêmeos Judith e Hamnet. Talvez seja essa a explicação de haver famosos gêmeos nas peças do dramaturgo, como em *A comédia dos erros* e em *Noite de reis*.

Possivelmente em 1587, Shakespeare deixou Stratford, partindo sozinho para Londres. Deixou a família — mulher e três filhos pequenos — na sua cidade natal, dando início a uma viagem de três ou quatro dias a pé.

LONDRES NA ÉPOCA DE SHAKESPEARE

Agitada, Londres era um grande centro comercial, com considerável agitação intelectual. Em especial na capital, acredita-se que cerca de 60% da população sabia ler (é a informação que se colhe de Thomas More). Os habitantes locais se divertiam com três grandes fontes de entretenimento: os julgamentos públicos, nos quais a execução era sempre a mais concorrida atração; a luta de ursos com mastins, que terminava apenas quando o urso havia matado diversos cães e já se encontrava muito ferido; e o teatro.

No último quarto do século XVI, Londres assistiu a um fantástico desenvolvimento da dramaturgia. Tomando por partida representações religiosas e festivas, levadas adiante por amadores, aos poucos esses eventos ganharam sofisticação. Os palcos começaram a tratar também de temas existenciais e, embora com cautela, de assuntos políticos. As apresentações passaram a fazer parte da vida comunitária e receberam o apoio das autoridades. Lentamente, surgiu um grupo de pessoas que se ocupava profissionalmente desses espetáculos.

Em 1567, registra-se a primeira casa de espetáculos independente em Londres, com o nome de Red Lion. Não se sabe o motivo pelo qual o estabelecimento foi fechado pouco tempo depois. Contudo, em 1576, um carpinteiro e ator, James Burbage, ajudou a construir um local novo e maior para apresentações. Tratava-se de um edifício complexo, de forma poligonal, feito em madeira. Chamava-se simplesmente The Theatre. Seu sucesso foi tanto que, num curto espaço de tempo, foram abertos outros estabelecimentos semelhantes, como The Curtain, The Rose, The Swan, The Fortune, The Red Bull e The Globe (que seria a casa da trupe de Shakespeare).

Apresentavam-se ali espetáculos de diversas naturezas. No começo, as peças ainda refletiam o gosto medieval, com o embate maniqueísta entre as virtudes e os vícios. Rapidamente, porém, os temas ganharam sofisticação. Diante do desenvolvimento desse ramo do entretenimento, brotavam grupos de teatro e novos autores de peças, os quais desfrutavam de grande apreço popular.

Não se sabe qual foi a ocupação de Shakespeare assim que chegou a Londres — não se pode precisar, ao certo, sequer se ele estava em Londres. Esses são os chamados "anos perdidos". Certamente foi um período duro, de privações; longe de casa, sem dinheiro, buscava firmar-se profissionalmente (embora haja também quem defenda que o dramaturgo passou parte desse período viajando pela Inglaterra e pelo mundo).

Não há dúvida de que o jovem Shakespeare deve ter ido com assiduidade ao teatro, que tanto o encantava. Há quem diga que seu primeiro emprego no teatro foi o de tomador de conta dos cavalos de quem ia assistir às peças.

TEATRO ELISABETANO

    De certo, tem-se notícia de que, em 1591, ele já integrava uma companhia teatral. Naquela época, um ator deveria necessariamente pertencer a um grupo, por sua vez patrocinado por algum nobre com influência. Caso contrário, era considerado um vagabundo — também chamado *masterless man*, um homem sem amo — e, em função disso, poderia ser encarcerado. A Lei da Vadiagem, de 1604, seguindo a tradição, colocava, entre outros, pedintes, quiromantes, receptadores, adivinhos, tratadores de ursos e artistas no mesmo rol: caso não conseguissem demonstrar que possuíam terra ou um patrão, eram açoitados publicamente para, depois, voltar ao seu local de origem.

Embora muito possivelmente tenha iniciado sua atividade como ator, em pouco tempo a principal atribuição de Shakespeare na companhia era a de escrever as peças, embora seguisse atuando em papéis secundários.

Não se via como um grande problema, na época, um autor valer-se de uma história já existente para, a partir dela, contá-la de outra forma. Admitia-se o aproveitamento de um enredo feito por outra pessoa. Contar a história à sua maneira era considerado uma arte. Ao longo de sua carreira, Shakespeare elaborou o enredo original de apenas quatro de suas peças: *Trabalhos de amor perdido*, *Sonho de uma noite de verão*, *As alegres comadres de Windsor* e *A tempestade*. Em todas as demais, valeu-se de histórias existentes, algumas delas bem populares, como *Romeu e Julieta* e *Hamlet*. Também era comum que as peças fossem elaboradas por diversas pessoas, cada uma responsável por uma parte. Shakespeare amadureceu seu talento nesse contexto e, em 1592, já se havia consolidado como autor.

Ao longo dos anos, principalmente graças à sua arte, a companhia teatral de Shakespeare — "Os Homens do Lorde Camareiro" (também chamado Camerlengo) ou *The Lord Chamberlain's Men* — prosperou. Era, inicialmente, patrocinada por George Carey, o 2.º barão Hunsdon, que se tornara o lorde Camareiro da rainha Elizabeth. Conseguiu, com o tempo, adquirir não apenas uma, porém duas casas de espetáculos — uma aberta e outra em ambiente fechado, mais utilizada no inverno. A primeira casa, The Globe, o teatro aberto e mais popular, foi construída pela trupe de Shakespeare em 1599.

A companhia de teatro de Shakespeare era a mais célebre de Londres, e de tal modo que, a partir de 1603, quando Jaime I sucedeu Elizabeth no trono da Inglaterra, foi alçada a grupo teatral patrocinado pelo rei — "Os Homens do Rei" (*The King's Men*).

Shakespeare, como empresário do mundo do teatro, amealhou considerável fortuna, a ponto de comprar propriedades em sua Stratford, para onde ia com razoável frequência a fim de visitar a família.

Entre 1591 e 1613, escreveu diversas peças, talvez quarenta. Para muitos, apenas 37. Na maior parte delas, trabalhou sozinho. Em algumas, porém, contou com a colaboração de terceiros.

Suas peças são sublimes. Possivelmente nenhum outro artista explicitou de forma tão vívida a natureza humana, a ponto de se dizer que não somos nós quem lemos Shakespeare, ele é quem nos lê. A obra de Shakespeare serve como fonte de muita diversão, sabedoria e reflexão.

O dramaturgo, em 1611, no mesmo ano em que escreve *A tempestade*, volta em definitivo para Stratford. Ali morre em abril de 1616, ao lado de sua família — mulher e duas filhas. Shakespeare tinha 52 anos. Seu único filho homem, Hamnet, morrera antes, em agosto de 1596, aos 11.

Uma compilação de suas peças foi publicada em 1623, alguns anos após sua morte. Dois de seus melhores amigos, John Heminges e Henry Condell, sócios dele na companhia teatral, reuniram suas obras em um só livro, que ficou conhecido como *Primeiro fólio* (*First Folio*). Acredita-se que os sócios de Shakespeare possuíam os originais usados pela própria trupe teatral. Era sinal de grande prestígio publicar as obras compiladas de um escritor. Até então, apenas Ben Jonson, outro dramaturgo, tivera essa honra.

Algum tempo depois da morte do poeta, a Inglaterra passou por um conturbado período político. Sobreveio a tomada de poder pelos puritanos, liderados por Oliver Cromwell. O rei Carlos Stuart, filho de Jaime, o patrocinador de Shakespeare, foi condenado à morte e decapitado em 1649.

Os teatros, em 1642, são fechados. Alguns acabam destruídos. Os puritanos consideravam as peças teatrais uma degeneração. Somente com o retorno da monarquia à Inglaterra, em 1660, o teatro lentamente ressurge.

As peças de Shakespeare voltam a ser encenadas, cada vez com mais frequência, a partir do século XVIII. Já em 1765, Samuel Johnson (1709-1784), o grande intelectual inglês de seu tempo, reconhece Shakespeare como um clássico.

Em pouco tempo, a força do trabalho do Bardo de Stratford toma a Alemanha. Depois, a França. Shakespeare ganha grandes admiradores na Europa e nas Américas. Suas peças tornam-se parte da cultura geral. *A megera domada, Romeu e Julieta, O mercador de Veneza, Hamlet, Otelo, Rei Lear, Macbeth*, entre tantas outras, viram referências comuns, temas de músicas, adaptações, citações, filmes. Hoje, Shakespeare está em toda parte, ainda que não nos demos conta.

Apenas ao fim do século XVIII, surge a confusa tese de que William Shakespeare não teria sido o autor das famosas peças. O principal argumento dos que defendiam que o dramaturgo não passava de uma farsa era o de que ele, por conta de sua origem interiorana e não aristocrática, seria incapaz de elaborar enredos com tamanha sofisticação. Ademais, Shakespeare não frequentou universidade alguma. Havia grande carga política na obra de Shakespeare — notadamente, o tema do regicídio, tão recorrente em suas peças —, e seria, alegou-se, impossível que um "homem do povo" gozasse de tanto conhecimento dessas conspirações e indiscrições palacianas.

Fora isso, argumentava-se que havia referências culturais — geográficas, históricas, mitológicas — nas peças que apenas uma pessoa muito lida e viajada seria capaz de conhecer. Por essas razões, passou-se a defender que, na realidade, Shakespeare fora apenas o nome de algum nobre que escrevia sem querer ser identificado, servindo-lhe o anonimato para escapar de alguma punição ou para garantir mais liberdade na abordagem dos temas.

Ao longo do tempo, foi indicada mais de uma dezena de possíveis Shakespeares — quase todos membros da nobreza da Inglaterra. Muitas personalidades ilustres embarcaram nessa história de questionar a autenticidade do Bardo — por exemplo, Charles Chaplin e Sigmund Freud.

Para alguns, Christopher (Kit) Marlowe (1564–1593), outro grande dramaturgo da época, foi o real autor das peças atribuídas ao homem de Stratford. Há, contudo, um problema nessa tese, pois Marlowe morre em 1593, assassinado numa briga de bar, bem antes de a maior parte das obras do cânone shakespeariano ser apresentada.

Edward de Vere (1550-1604), o conde de Oxford, era o suspeito preferido de Freud. De Vere foi um nobre que assumiu a autoria de poemas sofríveis. Para seus defensores, ele jamais reconheceu a autoria das peças com o objetivo de proteger sua posição política. Entre os problemas de quem defende De Vere, há o fato de que ele morreu em 1604. Depois disso, Shakespeare ainda produziu peças fantásticas, como *Rei Lear*, *Macbeth*, *Antônio e Cleópatra*, *Conto de inverno* e *A tempestade*, as quais fizeram referências a fatos ocorridos depois de 1604.

Outros sustentam, também, que Francis Bacon (1561–1626) seria o "verdadeiro" Shakespeare. Bacon, pensador e político, faleceu em 1626, uma década depois do dramaturgo. A dificuldade dessa tese reside no fato de que Bacon escreveu bastante, mas sempre assinando suas obras e num estilo totalmente diferente do do Bardo de Stratford. Além disso, seus poemas são lamentáveis! Por fim, Bacon defendeu ideias substancialmente distintas daquelas apresentadas nas peças (e foi envolvido, quando ocupou importantes cargos públicos, em diversos escândalos de corrupção, cuja procedência, inclusive, ele confessou).

EDWARD DE VERE, 17.º CONDE DE OXFORD

A lista é grande. Mais de vinte são os suspeitos. Nenhum deles, porém, consegue superar uma análise detida. Paradoxalmente, a tese de que Shakespeare não existiu ou de que seria outra pessoa tem por principal argumento a sua falta de escolaridade, ao mesmo tempo em que é defendida exatamente por pessoas que não estudaram Shakespeare a fundo... Com efeito, os mais renomados estudiosos de Shakespeare não têm dúvidas acerca da existência do Bardo e de que ele, efetivamente, escreveu as peças que lhe são atribuídas.

De certa forma, a discussão acerca da autoria das obras de Shakespeare tem uma raiz preconceituosa e elitista. Em todas as suas vertentes, parte-se do pressuposto de que uma pessoa de "classe inferior", um "mero ator" nascido fora da capital, sem ter concluído os estudos, não poderia produzir algo tão extraordinário. Contudo, a verdade é que o jovem Shakespeare recebeu excelente educação de base na sua cidade natal. Além disso, possuía notável conhecimento da Bíblia — já foi calculado que suas obras contêm cerca de cinco vezes mais citações bíblicas do que outras peças da mesma época.

Possivelmente, uma das mais vigorosas evidências de que uma só pessoa escreveu as peças (salvo, é claro, naquelas reconhecidamente elaboradas em conjunto) parte da análise da sua ordem cronológica. A partir daí permite-se perceber o amadurecimento de um único autor, ou seja, da mesma pessoa, com seu estilo próprio e seu modo particular de contar as histórias.

Normalmente, as peças fazem referências a fatos históricos e políticos ocorridos enquanto eram elaboradas, permitindo assim que se identifique, com alguma precisão, a época em que foram concluídas. Além disso, são diversos os registros de suas apresentações.

Ademais, deve-se ter presente que Shakespeare, ao escrever suas peças, levava em consideração as características dos membros de sua trupe. Como esses participantes, ao longo do tempo, mudaram, pode-se verificar também que se alterou o estilo das personagens. Veja-se, por exemplo, que, no começo de sua carreira, Shakespeare tinha em sua companhia o comediante Will Kempe (c. 1560–1603). Tratava-se de um grande palhaço,

DESENHO DO ATOR INGLÊS ROBERT ARMIN

cheio de energia e com aguçado domínio dos movimentos corporais. Para Kempe, foram concebidos Costard, de *Trabalhos de amor perdidos*; Bottom, de *Sonho de uma noite de verão*; e, ainda, Dogberry, de *Muito barulho por nada*. Adiante, Kempe deixou a companhia teatral. Em 1599, outro comediante, o baixinho Robert Armin (1568–1615), ingressou nela. Armin tinha outras características: era dono de um humor mais fino e irônico. Para ele, Shakespeare fez, por exemplo, o coveiro de *Hamlet* e o bobo de *Rei Lear*. Do mesmo modo, a falta de um bufão na companhia em 1599 fez com que *Júlio César*, peça elaborada e apresentada naquele ano, não contasse com papel de relevo para um ator comediante.

Ao lado dessas teses que contestam a autoria de Shakespeare, há também outra, em sentido oposto, que acaba por defender que o homem de Stratford foi o verdadeiro redator da Bíblia elaborada no reinado de Jaime I — a chamada *King James Bible*. Isso porque, de fato, trechos da tradução da Bíblia para o inglês, trabalho levado adiante no período, foram distribuídos entre diversos colaboradores.

Na versão em inglês das Sagradas Escrituras, de 1610, haveria uma prova cifrada dessa autoria do Bardo. Com efeito, no Salmo 46 (46 seria a exata idade de Shakespeare em 1610), a 46.ª palavra a contar do início do texto é *Shake*, ao passo que a 46.ª palavra a contar do fim do texto para o começo é *Spear* (para isso, desconsidera-se o termo *selahs*, que significa uma pausa). Por conta disso, sustentam que essa foi a forma cifrada que o dramaturgo de Stratford encontrou para registrar sua autoria. Pronto: eis o mistério! Quem lhe poderia resistir?

Por razões evidentes, há muitos registros dos Beatles. Afinal, eles viveram quando a tecnologia avançara bastante e já éramos capazes de armazenar sons e imagens. Como os Beatles possuíam incontáveis fãs, a vida dos músicos foi registrada nos mínimos detalhes. Algumas publicações chegam a apontar o que ocorreu em cada um dos dias em que a banda existiu, com referências ao local onde esteve precisamente cada um de seus integrantes e às datas em que compuseram esta ou aquela canção. Há um sem-fim de fotos, filmes e gravações.

Nesse ponto, os quase quatrocentos anos que separam Shakespeare dos Beatles fazem enorme diferença. Os registros por escrito, na época do Bardo, eram precários. Não havia fotos, filmes ou qualquer meio de gravação. Mesmo a imprensa tinha limitações. As próprias companhias teatrais não estimulavam que as suas peças fossem publicadas, a fim de evitar que, a partir daí, servissem de modelo para o desempenho de outras trupes que disputavam o mercado das apresentações públicas.

Como se mencionou, na época de Shakespeare ainda não estava desenvolvido o conceito de propriedade intelectual. Não apenas não se atribuía autoria a muitas obras, como também se admitia que uma pessoa usasse livremente a ideia alheia. Diante disso, publicar a íntegra da peça, nos tempos de Shakespeare, facilitava a vida da concorrência. Apesar disso, há muitos registros do dramaturgo William Shakespeare, ainda que seu nome seja referido com grafias diferentes — como Shakspere, Shaxpere ou Shagspere —, pois, naquela época, admitia-se alterar o uso das letras, desde que o som das palavras permanecesse o mesmo (Marlowe, outro grande dramaturgo da época, também tem seu nome grafado das mais diversas formas).

Os Beatles foram uma banda formada por quatro músicos. Nenhum deles teve formação musical acadêmica. Todos nascidos e criados em Liverpool, cidade portuária da Inglaterra, virada para o oceano Atlântico. John Lennon, Paul McCartney, George Harrison e Ringo Starr nasceram no começo dos anos 1940. Suas famílias não gozavam de boa situação financeira. Passaram, na infância e adolescência, por restrições de quem tem parcos recursos.

Durante a Segunda Guerra Mundial, depois de Londres, Liverpool foi a cidade mais bombardeada de toda a Inglaterra. Por ser o maior porto da costa oeste do país, os alemães a atacaram pelos ares quase uma centena de vezes. John Winston Lennon nasceu em 9 de outubro de 1940, exatamente no período em que Liverpool era castigada pelas bombas. Sua família decidiu homenagear o bebê com o nome do então primeiro-ministro, Winston Churchill.

A sua infância foi difícil, com o pai, Freddy, em constante ausência e a mãe, Julia, inepta. Quando John ainda era muito

MARY ELIZABETH STANLEY, MAIS CONHECIDA COMO TIA MIMI

pequeno, sua mãe o abandonou para ir viver com outro homem. John acabou criado pela tia Mimi — Mary Elizabeth —, irmã mais velha de sua mãe, com quem passou a viver. Além da alienação parental, o garoto John ainda sofreu o trauma da morte prematura de seu tio George, marido de Mimi, em junho de 1953. Lennon era muito apegado a ele, que, como leitor voraz, dera ao garoto o gosto pelos livros. Mas essa não seria a única perda precoce. Julia, a mãe de Lennon, morreu atropelada por um bêbado em 1958, logo após visitá-lo. John se recusou a ver o corpo da mãe. Essa tragédia atormentou o cantor, que, no futuro, iria batizar seu primeiro filho de Julian, numa clara referência à sua progenitora, além de compor lindas baladas para ela, como "Julia" e "Mother".

A partir de então, John teria somente a tia como parente. O pai, sumido, só reaparece quando o filho se torna famoso.

PAUL MCCARTNEY E MIKE MCGEAR NA INFÂNCIA (1948)

Paul McCartney era quase dois anos mais jovem que John. Nasceu em 18 de junho de 1942. Seu pai, James, não esteve presente no momento do parto porque era combatente voluntário na guerra. James tocava trompete e logo percebeu o talento musical de Paul, que aprendeu, de ouvido, piano e violão.

Aos 11 anos, passou num difícil teste público, que o qualificou a estudar no Liverpool Institute, escola, apenas para meninos, destinada a formar uma elite intelectual. Havia entre seus ex-alunos pessoas proeminentes, como políticos, juízes da Alta Corte e até um vencedor do Prêmio Nobel.

Em 1956, quando Paul tinha apenas 14 anos, sua mãe, uma parteira, depois de padecer de câncer, morre de embolia. Era um trauma para o jovem. A referência em "Let It Be" à *"mother Mary"*, que surge em momentos complicados com palavras de tranquilidade e conforto, provavelmente é a ela (e não a mãe de

Jesus Cristo, como creem alguns). A primeira filha de Paul também receberia o nome de Mary.

A canção "Julia", de Lennon, contida no *Álbum branco*, é uma balada emocionante. John canta para a mãe morta:

Half of what I say is meaningless
But I say it just to reach you, Julia
[...]
So I sing a song of love, Julia, Julia, Julia[8]

Paul, como se disse, recorre à falecida mãe na hora da escuridão em "Let It Be":

When I find myself in times of trouble
Mother Mary comes to me
Speaking words of wisdom, let it be.

And in my hour of darkness
She is standing right in front of me
Speaking words of wisdom, let it be.[9]

Shakespeare, por sua vez, possivelmente lamenta, em *Vida e morte do rei João*, a perda prematura de seu filho Hamnet. Na passagem, a personagem Constança lamenta a ausência do filho, que ela já considerava morto. Ela é acusada de loucura pela forma como expressa a perda. Constança responde: "Não estou

---

8   Metade do que digo não faz sentido algum/ Mas eu digo só para que você ouça, Julia [...]/ Então eu canto uma canção de amor, Julia, Julia, Julia.

9   Quando me encontro em momentos difíceis/ A Mãe Maria vem até mim/ Dizendo palavras sábias, deixe estar/ E nas minhas horas de escuridão/ Ela está em pé bem diante de mim/ Dizendo palavras sábias, deixe estar.

louca, quisera Deus que estivesse."¹⁰ Adiante, explica os motivos pelos quais se apegara ao seu sofrimento:

> A dor toma o lugar do filho ausente,
> Deita em seu leito, passeia comigo,
> Usa sua beleza, fala como ele,
> Faz-me lembrar de sua graciosidade,
> Recheia as vestimentas com suas formas;
> Não são motivos para que eu ame a dor?¹¹

Os Beatles e Shakespeare externaram seu luto.

O colégio de Paul ficava longe de sua casa, o que o obrigava a passar certo tempo no ônibus. No ano seguinte de sua admissão, outro menino, um ano mais novo que ele, fora também aprovado no severo teste para o Liverpool Institute. Chamava-se George Harrison. Os dois ficaram amigos e aproveitavam para conversar na condução, durante o trajeto do subúrbio, onde moravam, até o colégio.

A infância de George foi de muitas limitações financeiras. Seu pai era motorista de ônibus, e a família morava numa pequena casa no subúrbio de Liverpool, em que havia um único aquecedor e cujo banheiro ficava do lado de fora.

George — o caçula dos Beatles, nascido em fevereiro de 1943 — se revelou um guitarrista virtuoso, a ponto de seu pai, mesmo com poucos recursos, lhe comprar um belo violão.

---

10   *I am not mad; I would to God I Were.* (*The Life and Death of King John*, act III, scene 4)

11   *Grief fills the room up of my absent child,/ Lies in his bed, walks up and down with me,/ Puts on his pretty looks, repeats his words,/ Remembers me of all his gracious parts,/ Stuffs out his vacant garments with his form;/ Then, have I reason to be fond of grief?* (*The Life and Death of King John*, act III, scene 4)

GEORGE HARRISON NA ADOLESCÊNCIA

Na viagem de ônibus, Paul e George tratavam da paixão comum pela música.

Liverpool, pelo fato de ser uma cidade portuária voltada para o Atlântico, logo recebia os discos que chegavam da América do Norte. Os jovens ouviam Elvis Presley, ídolo maior da juventude, com entusiasmo. Queriam imitá-lo.

Aos 15 anos, John formou uma banda. Pouco depois, em 1957, convidou Paul a integrar seu grupo, na época chamado The Quarrymen — referência à escola de John, Quarry Bank Institute. No dia em que se conheceram, Paul impressionou John afinando todos os instrumentos com absoluta facilidade.

JOHN E PAUL NO DIA EM QUE SE CONHECERAM, EM 6 DE JULHO DE 1957

Paul, em seguida, convenceu John a aceitar o ingresso na banda de um garoto mais jovem, porém extremamente talentoso, para assumir o papel de principal guitarrista. George, assim, passava a integrar o grupo.

Em síntese — com os defeitos inerentes a qualquer resumo —, John era o poeta e Paul, o músico. O primeiro tinha mais facilidade na elaboração das letras, enquanto Paul dominava as melodias. Paul era dócil, enquanto John era rebelde. De várias formas, eles se complementavam. George, mais novo e imaturo, tinha, contudo, o dom: virtuoso, tocava a guitarra mais e melhor do que os outros dois.

No início eram apenas os três guitarristas: John, Paul e George apresentavam-se como Johnny and the Moondogs. Tocavam rock and roll, como muitos outros garotos na época. A eles juntou-se, em 1960, um grande amigo de Lennon, Stuart Sutcliffe, que com-

BUDDY HOLLY AND THE CRICKETS

prara um baixo. Stuart não tinha talento especial — sua real paixão eram as artes plásticas —, mas era bonito e popular.

Foi Stuart quem sugeriu que o nome da banda fosse Beatles, um trocadilho de *beat* ("batida") com *beetle* ("besouro"). Claramente tratava-se de uma referência a outro ídolo juvenil, Buddy Holly, que tocava acompanhado da banda The Crickets ("Os grilos"). O nome pegou. Embora tenham usado inicialmente The Silver Beatles, logo ficaram apenas com Beatles.

Buddy Holly, um dos precursores do rock and roll, morto tragicamente num acidente de avião em 1959, foi importante influência para o quarteto, entre outros motivos porque foi um dos primeiros a compor suas próprias canções, alargando o papel do artista, que podia elaborar as letras que cantava.

OS ENTÃO DESCONHECIDOS JOHN, PAUL E GEORGE (1960)

Na época, para seguir a moda, os rapazes escolhiam pseudônimos. Lennon queria ser chamado Long John; George, Carl Harrison; e Paul, Paul Ramon. Rapidamente desistiram dessa ideia, voltando a usar seus próprios nomes. O interessante, entretanto, foi que o "Ramon" de Paul acabou, anos depois, servindo de inspiração para a banda americana Ramones.

Em agosto de 1960, os Beatles, muito jovens — George tinha apenas 17 anos —, receberam uma proposta de trabalho. Deveriam passar uma temporada de três meses em outra cidade portuária: Hamburgo, na Alemanha. Precisavam, para tanto, de um baterista. Na última hora, encontraram um baterista, também de Liverpool, disposto a ir com eles: Pete Best. A banda, então, era composta por cinco membros.

Tocar em Hamburgo significava um avanço. Até então, os Beatles se apresentavam em bares e festas, normalmente em

OS JOVENS BEATLES EM AÇÃO

Liverpool ou cidades vizinhas. Hamburgo, por sua vez, era uma cidade maior.

Considerada suja e decadente, numa Alemanha que ainda se recuperava da derrota na Segunda Grande Guerra, Hamburgo se distinguia pela sua agitada zona portuária. O grupo se apresentaria em bares situados no "bairro da luz vermelha", área da prostituição, dos "inferninhos" por onde transitavam turistas e trabalhadores do maior porto local, como marinheiros e estivadores (um ambiente em tudo semelhante àquele em que se situavam os teatros londrinos na época de Shakespeare, fora dos muros da cidade, junto das tabernas e dos prostíbulos).

Os garotos tocavam a noite toda. Durante 13 semanas, trabalharam todos os dias, das sete da noite às três da manhã, com poucos intervalos. Primeiro, o então quinteto se apresentara num local minúsculo, que havia fracassado como boate de

OS BEATLES EM HAMBURGO

striptease. Depois, como foram bem em seus shows, cheios de energia, passaram a se exibir em um bar mais amplo, porém ainda num ambiente nada acolhedor.

Todos dormiam amontoados num pequeno quarto. Há quem diga que, nesse período, a banda se forjou. Fizeram razoável sucesso, tanto que, no ano seguinte, 1961, voltaram para outra temporada em Hamburgo. Dessa vez, Stuart decidiu deixar a banda. A música nunca fora a sua paixão, e ele viria a morrer poucos meses depois, de hemorragia cerebral. A partir daí, o polivalente e multitalentoso Paul McCartney assumiu o baixo.

Nesse período de extremo esforço, a banda aprendeu a domar a plateia.

No final daquele ano de 1961, os Beatles, já de volta a Liverpool, passaram a tocar regularmente numa casa noturna chamada Cavern Club. Eram mais uma entre outras tantas bandas jovens da cidade. No seu repertório, havia nada menos do que

ELVIS PRESLEY (1957)

30 canções cantadas por Elvis Presley. Além do rei, os rapazes — e toda a juventude inglesa da época — ouviam Jerry Lee Lewis, Chuck Berry, Buddy Holly, Little Richard e The Everly Brothers.

O Cavern Club não recebeu seu nome sem razão. Tratava-se de um pequeno porão a 18 degraus abaixo do nível da rua, onde cabiam, no máximo, duzentas pessoas. Foi nesse bar de Liverpool que os rapazes conheceram Brian Epstein, dono de uma loja de discos local que escrevia sobre música num jornal de Liverpool.

Epstein havia estudado artes dramáticas na Real Academia de Artes, em Londres, e seu desejo era trabalhar com moda. Seus pais não aceitaram. Teve que voltar para Liverpool para cuidar dos negócios da família.

De origem judaica, sua família tinha uma grande loja de eletrodomésticos no centro da cidade, que contava, na época, com a maior comunidade de judeus da Inglaterra. Entre outras atribuições, Brian era o responsável pela loja de discos do es-

OS BEATLES EM 1962

tabelecimento familiar, denominada NEMS (*North End Music Stores*). Por conta do gosto eclético de Brian Epstein, a NEMS, ao contrário da quase totalidade dos outros locais semelhantes, possuía um departamento de rock and roll. Isso tornava sua loja extremamente popular entre os jovens.

Brian Epstein tivera, desde cedo, contato com a música clássica — era assíduo frequentador das apresentações da Filarmônica de Liverpool. Mais do que isso, apreciador de livros e de obras de artes, possuía um gosto refinado. Apesar de ter apenas seis anos de diferença em relação a Lennon, como se vestia e se colocava de modo formal, Brian Epstein aparentava ser bem mais velho. Homossexual não assumido — numa Inglaterra intolerante com o tema —, ele desenvolveu uma personalidade afável, embora mantendo-se sempre a uma elegante distância dos demais.

O EMPRESÁRIO BRIAN EPSTEIN

Foi também no final de 1961 que Brian passou a receber, em sua loja, pedidos da música "My Bonnie", que os Beatles haviam gravado com Tony Sheridan. Foi assim que, pela primeira vez, ouviu falar do grupo. Decidiu então ir vê-los ao vivo, no Cavern Club, onde se apresentavam regularmente.

Brian Epstein se encantou pelos Beatles assim que os viu. Foi assisti-los outras vezes. Logo, passou a ser o empresário da banda. Estabeleceu uma série de regras para os rapazes, que iam do modo de se vestir ao comportamento no palco. Organizou e profissionalizou o grupo.

Brian, em seguida, buscou gravadoras para lançar a banda. Foi recusado por algumas. O mais famoso desprezo veio da

Decca Records: de fato, em fevereiro de 1962, um de seus executivos, depois da audição do grupo, declarou que "os Beatles não têm futuro no *show business*". A carta endereçada a Brian Epstein pela Decca ainda diz que não gostaram do som dos "rapazes"; e profetiza: "grupos de quatro pessoas com guitarras são coisa do passado".

Eles preferiram contratar uma banda chamada Brian Poole and the Tremeloes. Eis, possivelmente, o maior erro de avaliação da história do mercado fonográfico mundial. Os Beatles ainda foram rejeitados pelas gravadoras Pye e Philips. O começo não foi fácil.

O quarteto acabou assinando um contrato com a EMI em junho de 1962. Seriam produzidos por George Martin, arranjador e engenheiro musical com profundo conhecimento de música clássica. Foi Martin quem, pela gravadora, apostou nos jovens de Liverpool. O fato de uma banda de rock ser produzida por um especialista em música clássica é um dos segredos de seu monumental sucesso. Além disso, uma das primeiras recomendações de Martin foi a substituição do baterista.

Sai Pete Best. Entra Richard (Ringo) Starkey.

Ringo, assim como os demais integrantes da banda, também passara por uma infância sofrida. Em boa parte dela, esteve hospitalizado, com problemas de saúde. Diante disso, teve sua vida escolar severamente prejudicada.

Sua família, por conta de problemas financeiros, mudou-se diversas vezes. Nascido em julho de 1940 (o que faz dele o mais velho dos Beatles), Ringo pouco conheceu o pai, e jamais fez questão de procurá-lo. A mãe, Elsie, para garantir minimamente a subsistência do filho, trabalhava num bar.

Aos sete anos, Ringo sofreu uma crise de apendicite. Depois, desenvolveu peritonite — uma inflamação no abdome. Entrou

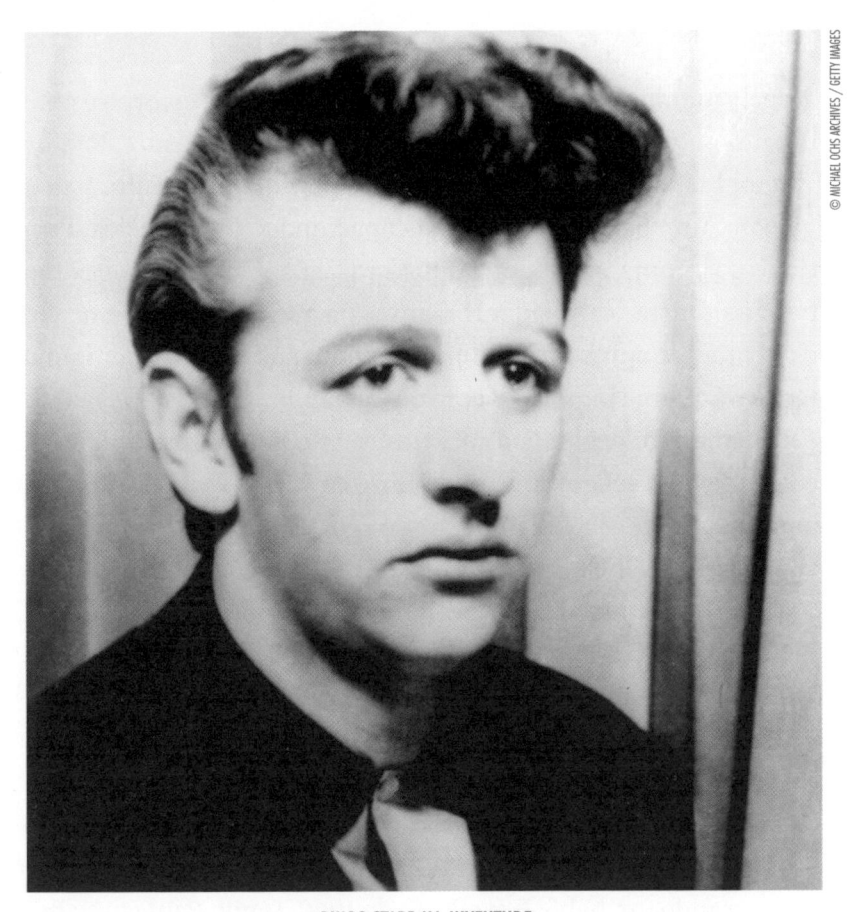

RINGO STARR NA JUVENTUDE

em coma. Ficou à beira da morte. Passou mais de um ano internado no hospital.

Pouco em seguida, quando contava com 13 anos, contraiu tuberculose. Isso levou o pequeno Ringo a passar mais uma longa temporada internado.

Foi no hospital que Ringo recebeu sua iniciação rítmica. As enfermeiras distribuíam chocalhos e pandeiros aos enfermos, para que acompanhassem músicas gravadas e exercitassem a coordenação motora. Ringo tinha o dom. Quando se curou, havia descoberto sua vocação e adquiriu uma bateria barata. Embora jamais tenha recebido aulas — assim como todos os demais membros dos Beatles —, perseverou pelo esforço e pelo talento natural.

Apesar de ter trabalhado como aprendiz de maquinista e garçom num barco, Ringo seguia apaixonado pela música. Participou de uma série de grupos musicais de Liverpool como percussionista. Coincidentemente, na mesma época em que os Beatles se apresentaram por lá, tinha passado também uma temporada em Hamburgo com outra banda.

Quando foi decidida a substituição de Pete Best, John, Paul e George logo se lembraram de Ringo, um dos mais disputados bateristas de Liverpool. A partir de agosto de 1962, ele, que usava o nome artístico Starr — uma diminuição de seu sobrenome Starkey, num claro trocadilho com "estrela" (*star*) —, passa a integrar o grupo. Assim, juntaram-se os Fab Four: os "Quatro Fabulosos", como viriam a ser chamados.

Da mesma forma como se dera com Shakespeare, John foi surpreendido com a gravidez de sua namorada, Cynthia, colega de faculdade um ano mais velha que ele. Também como o Bardo em 1582, exatos 380 anos antes, John levou a mulher ao altar já esperando um bebê. Em agosto de 1962, tendo Paul como padrinho, John e Cynthia se casam numa cerimônia simples. Tia Mimi, que criara John, recusou-se a comparecer ao evento.

Essas circunstâncias — a precoce e inesperada paternidade —, assim como no caso de Shakespeare, não impediram que John Lennon seguisse seu caminho. Tanto William Shakespeare como Lennon, no início de suas carreiras, colocaram suas famílias em segundo plano. John caiu na estrada com a banda. Pouco via Cynthia ou seu filho, Julian, que nasceria em abril de 1963.

Igualmente interessante, contudo, é que ambos, Shakespeare e Lennon, no fim de suas vidas, tenham voltado intensamente suas atenções à vida familiar.

RINGO STARR ANTES DE SE INTEGRAR AOS BEATLES

Já com Ringo integrado à banda e sob a orientação comercial de Brian Epstein, os Beatles caíram na estrada. Em 1962, fizeram shows em sequência. Correram a Inglaterra em *tour* abrindo as apresentações de Roy Orbison. Além disso, também naquele ano, se apresentaram 14 vezes como atrações menores em shows de Little Richard. Paul idolatrava Little Richard, e o contato direto com um dos "inventores" do rock and roll o ajudou a construir seu estilo. Ninguém discorda de que os gritos de Paul — como em "Twist and Shout" ou "She Loves You" — são uma influência direta do estilo estridente do ídolo.

No fim de 1962, os Beatles lançam as músicas "Love Me Do" e "Please Please Me", composições próprias, em um compacto: um disco pequeno, contendo apenas uma canção de cada lado.

LITTLE RICHARD

Em fevereiro de 1963, gravam, em apenas 13 horas e com a ajuda de George Martin, dez músicas para o seu primeiro disco longo, os chamados *long plays,* ou LPs. A partir dessa data, foram mais 12 discos ao longo de sete anos. Compuseram "Can't Buy Me Love", "Help", "Yesterday", "All You Need is Love", "Something", "Here Comes the Sun", "Hey Jude", "Let It Be", entre tantas e tantas canções que poderiam ser a trilha sonora das nossas vidas.

Certamente, os Beatles foram a banda mais influente de toda a história: cantaram muito mais do que sua geração; falaram dos grandes temas da humanidade, como amor, desamor, solidão, busca da felicidade, amizade... Suas composições significam tanto hoje quanto significavam quando de seu lançamento, nos anos 1960 — e assim, espera-se, será enquanto houver seres humanos na Terra.

Ao se escutar a tese de que Shakespeare não existiu, poderíamos recordar os Beatles. Todos ingleses. Assim como Shakespeare, os integrantes dos Beatles não nasceram na capital, mas em cidades menores. Também não cursaram a universidade: eram autodidatas. Paul, com apenas 23 anos, escreve a tocante "Yesterday": é muito difícil explicar os Beatles.

Talvez, em quatrocentos anos, venham a dizer que os Beatles foram uma farsa, que jamais existiram ou que eram outras pessoas. Afinal, como seria possível que aqueles jovens, com tantos problemas familiares e de origem simples, sem acesso a estudo musical, tenham criado tantas músicas extraordinárias e falado sobre temas tão complexos, com tamanha profundidade? Alguém dirá: "Os Beatles, na verdade, não eram os quatro caipiras de Liverpool, mas músicos profissionais e experientes, todos muito qualificados, da poderosa gravadora EMI, que encontraram nos quatro jovens um veículo comercial para explorar a juventude sedenta de ídolos..."

É óbvio que os Beatles existiram. Também é inquestionável que William Shakespeare escreveu as peças a ele atribuídas. Reconheça-se: é difícil compreender como esses seres humanos conseguiram produzir obras de arte tão fantásticas. Não é fácil explicar. Afinal, são gênios. Pessoas de inteligência e sensibilidade absolutamente ímpares, que nos assombram. Uma maravilha.

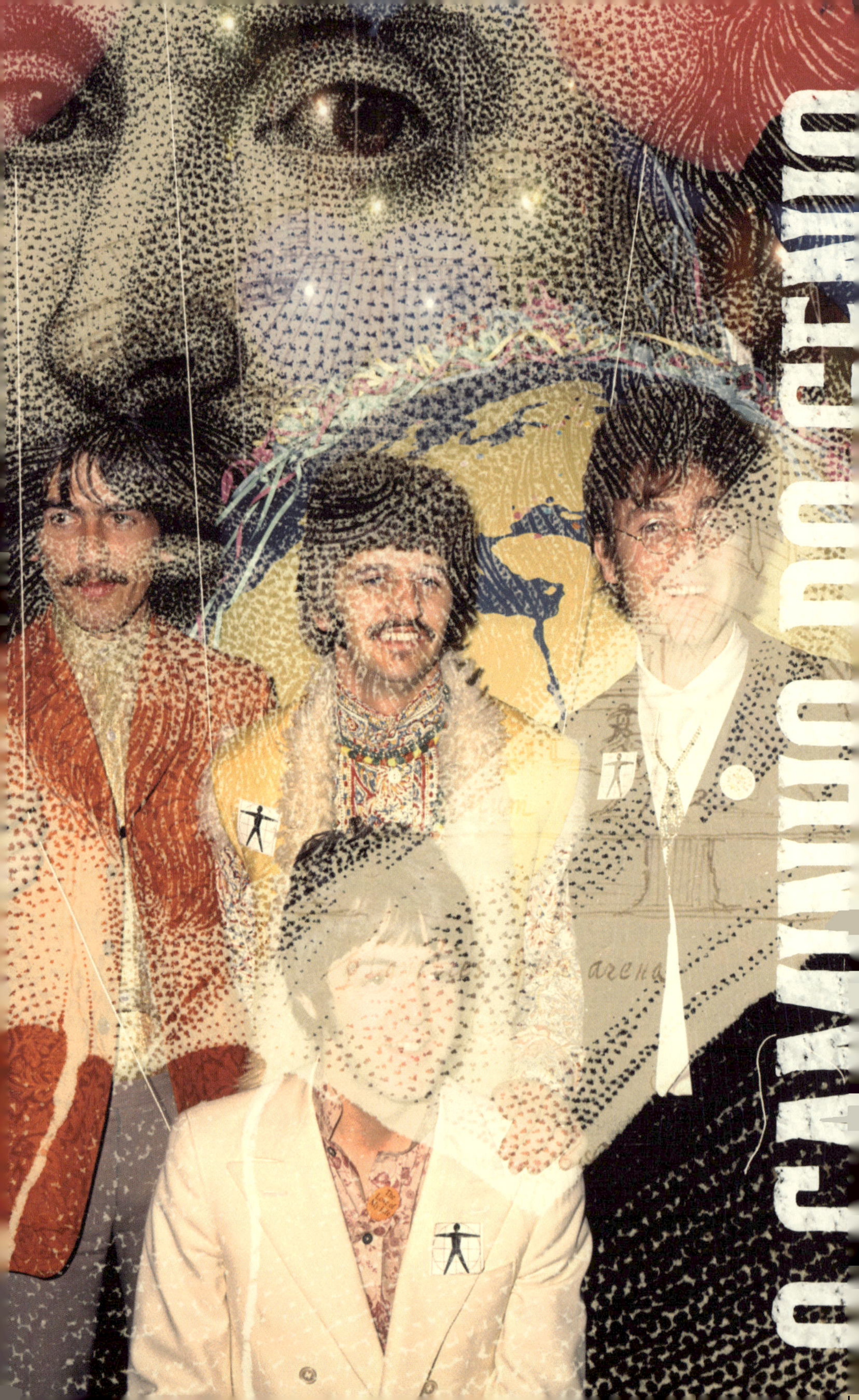

O CAMINHO DO GÊNIO

*Não tenha medo; há ruídos na ilha,
Sons, árias doces; dão gosto e não ferem.
Saibam que, às vezes, mil cordas tangidas
Murmuram-me no ouvido; outras, vozes,
Que, se eu acordo depois de um bom sono,
Me adormecem de novo; e então, sonhando,
Nuvens que se abrem mostram-me tesouros,
Prontos para chover em mim, e, acordando,
Choro para sonhar de novo.*

A TEMPESTADE, ATO III, CENA 2[12]

---

12   *Be not afeard. The isle is full of noises,/ Sounds, and sweet airs, that give delight and hurt not./ Sometimes a thousand twangling instruments/ Will hum about mine ears, and sometime voices/ That, if I then had waked after long sleep/ Will make me sleep again; and then in dreaming/ The clouds methought would open and show riches/ Ready to drop upon me, that when I waked/ I cried to dream again.* (The Tempest, act III, scene 2)

> *Many times I've been alone*
> *And many times I've cried*
> *Anyway you'll never know*
> *The many ways I've tried*
> *And still they lead me back*
> *To the long winding road*
> *You left me standing here*
> *A long, long time ago*
> *Don't leave me waiting here*
> *Lead me to your door*
>
> "The Long and Winding Road"[13]

Fica claro que Shakespeare existiu quando se observa seu caminho como artista. Ao se analisar cronologicamente suas realizações, é possível identificar seu amadurecimento. A mesma pessoa que escreveu *A megera domada* em 1592 compôs *A tempestade* em 1611. No meio dessa estrada, conseguimos observar o autor passando por diversas fases, num crescimento contínuo.

Com os Beatles não é diferente. O mesmo grupo que lançou *Please Please Me,* em 1963, fez *Abbey Road* aproximadamente sete anos depois. A cada disco, os músicos se aprimoravam e buscavam novos meios de expressar seus sentimentos.

---

13 Muitas vezes eu fiquei sozinho/ E muitas vezes eu chorei/ De qualquer forma, você nunca saberá/ O quanto eu tentei/ Mas ainda assim eles me trazem de volta/ À longa e sinuosa estrada/ Você me deixou esperando aqui/ Há muito tempo/ Não me deixe aqui esperando/ Guie-me até a sua porta.

O caminho desses gênios foi semelhante. No começo de suas carreiras, houve uma fase ingênua, de aprendizado, na qual seguiam as modas, partindo do que já existia. Depois, passaram a tratar de temas juvenis, pois, afinal, eram jovens. Em seguida, suas obras são marcadas pela busca da afirmação de sua identidade como artistas. Tanto Shakespeare como os Beatles atravessaram, logo após terem encontrado seus respectivos estilos — estilos amplíssimos, uma *infinite variety*[14] —, uma fase melancólica, introspectiva. Em seguida, atingiram a maturidade, produzindo obras-primas nas quais comprovam dominar por completo seu mister. Ao fim, ambos se despedem do seu público.

Apenas artistas dotados de suprema clarividência conseguem compreender seu papel, enxergar o fim de uma trajetória, dizer adeus. Tanto Shakespeare quanto os Beatles se manifestam com clareza ao encerrarem suas carreiras, demonstrando que identificaram o fim de uma história.

Seguir esses gênios pelos seus caminhos, além de extremamente prazeroso, é uma viagem de profundo aprendizado. Afinal, tanto Shakespeare quanto os Beatles trataram de nós: de nossos sentimentos, paixões, dúvidas, angústias, ilusões e sonhos.

---

14   É como Enobarbo, personagem shakespeariano, se refere a Cleópatra, com sua "variedade infinita". (*Antônio e Cleópatra*, ato II, cena 2)

se Please Me
BEATLES

GEORGE HARRISON (lead guitar) ■ JOHN LEN
■ PAUL McCARTNEY (bass guitar) ■ RINGO STA

APPENDIX IV

PRÓLOGO: APRENDIZADO

*Seu bestalhão, que nunca sequer leu
Que o motivo para ser criada a música
Foi o do homem refrescar a mente
Após os seus estudos e cansaços!*

– A MEGERA DOMADA, ATO III, CENA 1[15]

Na Inglaterra do fim do século XVI, como se mencionou, não se admitia a atividade de artistas independentes que não participassem de uma companhia teatral. O artista deveria ser sócio ou empregado dessa trupe. Caso contrário, era considerado um vagabundo, alguém sem ocupação, que, por consequência, poderia ser posto na prisão. Não havia, portanto, a figura do "artista independente".

---

15   *Preposterous ass, that never read so far/ To know the cause why music was ordain'd!/ Was it not to refresh the mind of man/ After his studies or his usual pain?* (*The Taming of the Shrew*, act III, scene 1)

A companhia teatral, por sua vez, precisava ser apadrinhada por um nobre influente, algum membro da realeza ou da nobreza que se responsabilizasse pelo grupo. Caso contrário, não se permitia que se estabelecesse.

Londres contava com uma série de teatros, cada qual com capacidade, em média, para dois mil espectadores. Havia espetáculos todos os dias, de segunda a sábado — aos domingos, era dia de ir à igreja. Fora do estabelecimento, hasteava-se uma bandeira para indicar qual o gênero das peças que se iriam encenar naquele dia: se a bandeira fosse preta, haveria tragédia; se branca, comédia. Havia, ainda, a bandeira vermelha, quando se apresentaria uma peça de cunho histórico.

Os espetáculos começavam às duas horas da tarde, para aproveitar a luz do sol. Pelo que se sabe, os estabelecimentos viviam cheios, o que fazia do teatro um bom negócio. Acima disso, o teatro era muito popular. As peças não eram destinadas apenas a uma elite, mas, ao contrário, deveriam agradar a todos — principalmente à gente comum.

Tampouco havia, naquela época, um diretor para as apresentações. Os próprios atores decidiam como deveriam dar vida aos personagens. Ademais, não era admitido que mulheres atuassem. Somente homens poderiam ocupar o palco. Os papéis femininos eram desempenhados por jovens rapazes ainda imberbes, que se enchiam de maquiagem e afinavam sua voz ao falar. É interessante notar que não havia, no teatro elisabetano, cenário. Cabia ao ator indicar para a plateia onde a cena ocorria, e assim exigia-se que a imaginação do espectador trabalhasse.

Eis como Shakespeare começa *Henrique V*, num prólogo que convida todos a imaginar os vastos campos da França, para concluir que "são vossos pensamentos que vestem nossos reis":

Que uma musa de fogo aqui pudesse
Subir ao céu brilhante da invenção!
Reinos por palco, príncipes atores,
Monarcas para observar a pompa cênica!
Então o próprio Harry, qual guerreiro,
De Marte assumiria o porte; e atrás,
Presos quais cães, a fome, a espada e o fogo
Aguardariam ordens. Mas perdoem
Os mesquinhos espíritos que ousaram
Neste humilde tablado apresentar
Tema tão grande: conterá tal rinha
As planícies da França? Ou poderemos
Segurar neste teatro os elmos
Que assustaram os ares de Azincourt?
Peço perdão! Mas já que um zero pode
Atestar um milhão em pouco espaço,
Deixem que nós, as cifras desta conta,
Acionemos sua força imaginária.
Suponham que no abraço destes muros
Estão confinadas duas monarquias,
Cujas altas fachadas confrontadas
Uma nesga de mar feroz separa.
Com o pensamento curem nossas falhas,
Em mil partes dividam cada homem,
E criem poderio imaginário.
Pensem ver os corcéis de que falamos,
Imprimindo na terra suas pegadas,
Pois suas mentes vestem nossos reis,
Carregando-os, por terras e por tempos,
Juntando o que acontece em muitos anos
Em uma hora. E, para ajudá-los,
Admitam-me, o coro, nesta história

Para que de sua paciência eu peça
Que julguem com bondade nossa peça.¹⁶

Todas as produções, antes de sua exibição, deveriam ser aprovadas pelo "Mestre da Recreação" ou "Mestre dos Divertimentos" — o *Master of the Revels* —, um funcionário público que atuava também como censor.

No fim dos anos 1580, Christopher (Kit) Marlowe (1564–
–1593) era a grande sensação dos teatros londrinos. Acumulava sucessos como *Dido, a rainha de Cartago*, *O judeu de Malta, Tamerlão, Eduardo II* e *Doutor Fausto*. Suas peças apresentaram uma agilidade revolucionária.

Marlowe tinha praticamente a mesma idade de Shakespeare, mas nascera em Londres — era filho de sapateiro — e estudara na prestigiosa Universidade de Cambridge. Suas peças tinham sangue em profusão, personagens horrorosos, vilões perfeitos, porém cheios de carisma. Marlowe foi um dos primeiros a do-

---

16   *O for a Muse of fire, that would ascend/ The brightest heaven of invention,/ A kingdom for a stage, princes to act/ And monarchs to behold the swelling scene! / Then should the warlike Harry, like himself,/ Assume the port of Mars; and at his heels,/ Leash'd in like hounds, should famine, sword and fire/ Crouch for employment. But pardon, and gentles all,/ The flat unraised spirits that have dared/ On this unworthy scaffold to bring forth/ So great an object. Can this cockpit hold/ The vasty fields of France? Or may we cram/ Within this wooden O the very casques/ That did affright the air at Agincourt?/ O, pardon! since a crooked figure may/ Attest in little place a million;/ And let us, ciphers to this great accompt,/ On your imaginary forces work./ Suppose within the girdle of these walls/ Are now confined two mighty monarchies,/ Whose high upreared and abutting fronts/ The perilous narrow ocean parts asunder:/ Piece out our imperfections with your thoughts;/ Into a thousand parts divide on man,/ And make imaginary puissance;/ Think, when we talk of horses, that you see them/ Printing their proud hoofs i' the receiving earth;/ For 'tis your thoughts that now must deck our kings,/ Carry them here and there; jumping o'er times,/ Turning the accomplishment of many years/ Into an hour-glass: for the which supply,/ Admit me Chorus to this history;/ Who prologue-like your humble patience pray,/ Gently to hear, kindly to judge, our play. (The Life of King Henry the Fifth, act I, prologue)*

O DRAMATURGO CHRISTOPHER MARLOWE (1585)

minar as peças em verso, modelo que o dramaturgo de Stratford depois copiou. Além disso, dedicou-se a elaborar dramas contando a história de reis ingleses do passado, num gênero que acabou por arrebatar a plateia. A morte prematura de Marlowe foi uma lástima.

Também fazia sucesso o dramaturgo Thomas Kyd (1558--1594). Pelo sua bem-sucedida *Tragédia espanhola*, estabeleceu um modelo para as tragédias elisabetanas, promovendo o entrelace do enredo principal com outros paralelos. Nessa peça, elaborada por volta de 1590, um fantasma lidera a vingança de um assassinato e o protagonista, por conta de sua mente especulativa, flerta com a loucura. Esse tema seria, em parte, retomado por Shakespeare em *Hamlet*.

Shakespeare compreendeu esse padrão a fim de adotá-lo. Elaborou, primeiro, comédias românticas, com enredos mais singelos, como *Os dois cavalheiros de Verona* e *A megera domada*, entre 1590 e 1591. Seus enredos não eram totalmente ingênuos, mas mostram-se muito menos sofisticados do que aqueles que o dramaturgo viria a elaborar no futuro.

Contando possivelmente com a ajuda de outros autores, aventurou-se depois nas suas primeiras peças históricas: as três partes de *Henrique VI*, elaboradas entre 1591 e 1592.

As peças históricas narravam um período conturbado da Inglaterra, quando duas das mais nobres famílias do país, os York e os Lancaster, disputavam o trono. Travaram a chamada Guerra das Rosas, pois, como símbolos, os York tinham a rosa branca e os Lancaster, a vermelha. Complôs, traições, intrigas, luta pelo poder: tudo isso servia de enredo para as peças.

A grande fonte de informação para elaborar essas peças históricas foi um livro sobre a vida dos reis ingleses — nos quais se tratava também do período da Guerra das Rosas —, datado de 1587. Tinha o título *The Chronicles of England, Scotland and Wales*, e ficou conhecido apenas por *Chronicles*. Tinha autoria de Raphael Holinshed (1529-1580), historiador originário da mesma região de Shakespeare.

Em seguida, Shakespeare avançou para a sua primeira tragédia, um tipo de obra dramática em que, numa definição bem simplista, o personagem principal morre ao fim (ou, ainda, em que não há final feliz).

Tito Andrônico, de 1592, pagava claramente um tributo a Marlowe. O principal vilão da peça era Aarão, um mouro negro e perverso, que não demonstrava pudor em reconhecer seu prazer por cometer crueldades. Há ali mais de vinte mortes no palco. Lavínia, a filha de Tito, é violentada e mutilada. Tem sua língua e seus braços decepados, para que não pudesse delatar o nome de seus estupradores. Tito, por piedade, mata a filha. Em seguida, para vingar-se dos violadores, os assassina. Por fim, manda fazer com seus restos mortais uma torta, para que fosse servida à mãe deles, Tamora.

Essa história rocambolesca parece um pouco tosca. Talvez seja. Mas, afinal, o autor fazia ali sua primeira incursão na tragédia. Não havia a complexidade psicológica de *Hamlet* ou *Rei Lear*.

De toda sorte, o gênero fazia sucesso na época, e Shakespeare precisava agradar ao público. *Tito Andrônico* foi adorada. Lotou os teatros. Durante a vida do dramaturgo, foi uma de suas peças mais encenadas.

O próximo feito do Bardo foi terminar a história das três partes de *Henrique VI* com *Ricardo III*, em 1592. O personagem que dá título à peça é outro vilão incorrigível.

A obra cuida do fim da Guerra das Rosas, da tomada de poder pelo fundador da dinastia Tudor. De certa forma, isso unia as famílias York e Lancaster antes em conflito, para encerrar a disputa e encontrar a paz.

Ainda nessa época, Shakespeare, querendo garantir sua audiência, apresenta *A comédia de erros*. Trata-se de outra história inocente, cujo enredo parte da confusão feita a partir de dois pares de gêmeos idênticos, com o mesmo nome, que sequer sabiam da existência um do outro. Um clichê.

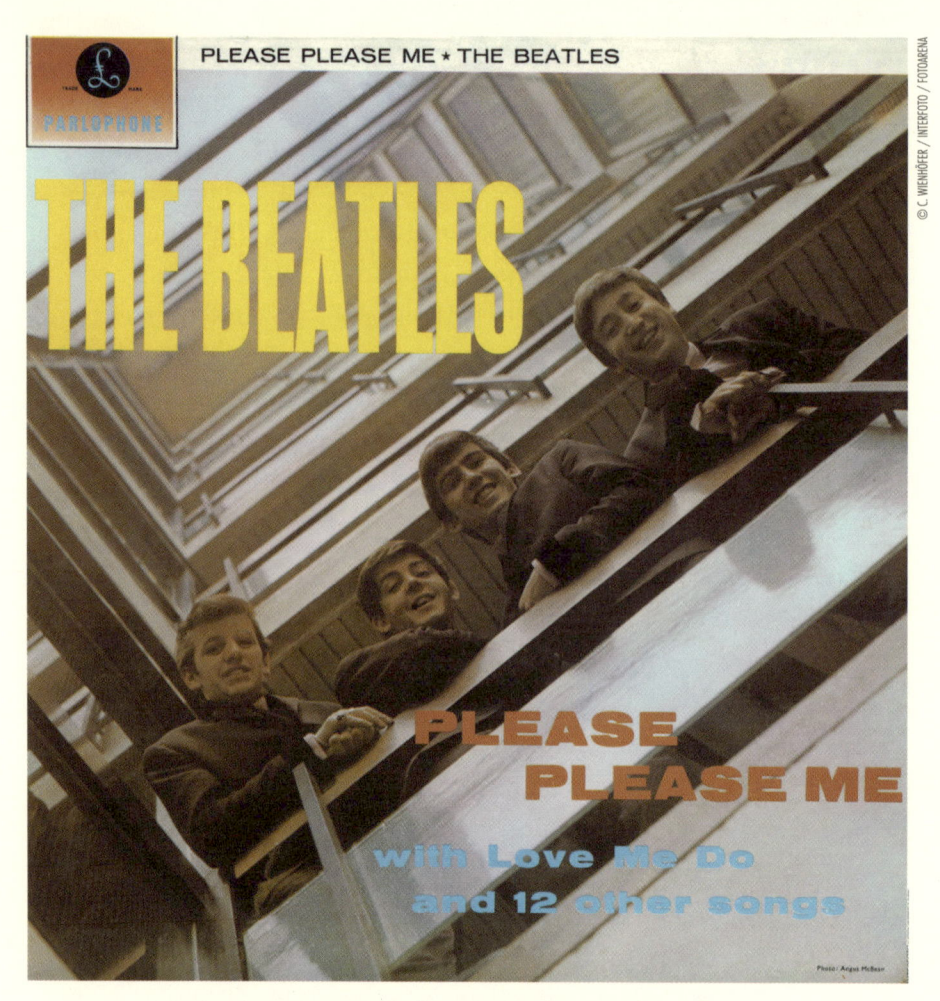

CAPA DE *PLEASE PLEASE ME*, ÁLBUM DE ESTREIA DOS BEATLES, DE 1963

    Consta que o autor experimentou grande sucesso logo em suas primeiras peças. De pronto, passou a ser considerado um dramaturgo importante.

    O primeiro álbum dos Beatles é *Please Please Me*, do começo de 1963.

LADO A
- I Saw Her Standing There
- Misery

- Anna (Go to Him)
- Chains
- Boys
- Ask Me Why
- Please Please Me

LADO B
- Love Me Do
- P.S. I Love You
- Baby It's You
- Do You Want to Know a Secret
- A Taste of Honey
- There's a Place
- Twist and Shout[17]

De pronto, *Please Please Me* causou certa surpresa, na medida em que oito das 14 canções do álbum haviam sido compostas pela dupla Lennon e McCartney, membros do grupo. Isso não era comum. Até então, na maior parte das vezes, não se confundia o compositor com o intérprete. Elvis, por exemplo, só compôs uma canção em toda a sua carreira: "Love Me Tender". Frank Sinatra, outro ícone, compôs pouquíssimo. Os Beatles começam sua história já com essa transgressão.

De toda forma, assim como nas partes do *Henrique VI* de Shakespeare, os Beatles, em seu primeiro trabalho, admitiam a expressiva participação de outros artistas. "Twist and Shout", por exemplo, um dos grandes êxitos dos primórdios da banda —

---

17   Eu a vi parada lá/ Miséria/ Anna (Vá com ele)/ Correntes/ Garotos/ Me pergunte o porquê/ Por favor, me agrade/ Me ame/ P.S. Eu amo você/ Querida, é você/ Você quer saber um segredo/ Um sabor de mel/ Há um lugar/ Balance e grite.

seguramente, um clássico eterno — era uma conhecida composição americana.

O modelo das canções seguia o padrão da época. Os temas eram ingênuos, narrando impulsos amorosos sem qualquer complexidade, bem ao gosto do público juvenil. A primeira música do disco, "I Saw Her Standing There", pagava claramente um tributo a Chuck Berry, enquanto a voz de Roy Orbinson era escancaradamente copiada em "Please Please Me".

A primeira peça de Shakespeare foi, possivelmente, *Os dois cavalheiros de Verona*. Sua versão primitiva data de 1590, enquanto a forma mais definitiva de 1592. Trata-se da peça com o menor elenco de todas as obras shakespearianas. Bem ingênua, tem como tema central o conflito entre o amor e a amizade. Em suma, dois amigos, Proteu e Valentino, apaixonam-se pela mesma mulher, Sílvia. Daí contam-se as confusões dessa convergência, numa comédia leve. O tema também foi explorado pelos Beatles na faixa "Anna", de *Please Please Me*, na qual o jovem perde sua namorada para outro.

A megera domada é outra das primeiras peças de Shakespeare. Seu enredo vem sendo utilizado desde então num sem-fim de adaptações. Em suma, vários pretendentes desejam desposar a dócil Bianca. Nenhum, porém, se apresenta para Catarina, a irmã mais velha, voluntariosa e cheia de opiniões. A rejeição torna Catarina ainda mais rebelde. Baptista, pai das duas jovens, diz que Bianca apenas se casará depois da irmã.

Diante disso, os pretendentes de Bianca convencem o grosseirão Petrucchio a desposar Catarina. Petrucchio, para domar a fera, submete Catarina a humilhações. É duríssimo com ela (jamais, entretanto, a ofende fisicamente). Apesar de Catarina também agredir verbalmente seu novo marido, Petrucchio não se abala. Com o tempo, entretanto, acabam por se apaixonar.

ELIZABETH TAYLOR E RICHARD BURTON EM *A MEGERA DOMADA* (1967)

Possivelmente, trata-se do casal mais feliz de todo o cânone shakespeariano.

A megera domada narra como Catarina conseguiu, sem perder sua personalidade, controlar seus impulsos e se colocar socialmente. Ela não era compreendida pelo pai, que a tratava como uma desajustada rebelde. Catarina, ao fim, queria apenas amor. Eis um tema comum aos jovens, que de alguma forma devem abandonar as pirraças da infância para se ajustar à vida adulta. A tradução que se consagrou em português — *A megera domada* — não foi feliz. Melhor se tivesse seguido o original. Afinal, a peça não trata da megera domada, porém da domação da megera...

Catarina poderia cantar "Love Me Do" ou "Please Please Me". Em "Love Me Do", o autor da música apenas pede para ser amado: "*So please love me do*", diz. "Por favor, me ame." Trata-se do mesmo tema de "Please Please Me", no qual também se reclama afeto: "Por favor, me agrade." O trocadilho com o duplo *please* em inglês é intraduzível.

Quando começou sua relação com Brian Epstein, os Beatles foram convencidos a mudar de visual. Com enorme sensibilidade, Epstein, ao assumir o cargo de empresário dos Fab Four, impôs uma série de regras para o grupo: nada de palavrões para a plateia e nada de cigarros ou bebidas alcoólicas no palco. Os meninos deveriam abandonar as jaquetas de couro ao estilo James Dean e usar terno e gravata. Decretou, ainda, o fim dos cabelos desgrenhados, com a adoção de um corte mais comportado. A atuação da banda deveria ser profissional e a rebeldia, mais sutil.

Foi com essa mudança que Epstein conseguiu o contrato com a poderosa gravadora EMI. Embora Paul, George e Ringo fossem dóceis, não deve ter sido fácil domar John Lennon. Epstein, assim como Petrucchio, de *A megera domada*, certamente se desdobrou para que John, o mais rebelde, aceitasse as regras impostas pelo *show business*. No fim, Lennon, com algumas recaídas, acabou se enquadrando. Seguiu a lição de Catarina, tornando-se uma espécie de *megera domada*.

Ricardo III, o personagem que dá nome à obra, é mau. Profundamente mau. Sem demonstrar pudor, logo no começo da

LAURENCE OLIVIER COMO RICARDO III (1955)

peça ele conversa diretamente com a plateia. Explica seu intento imoral, seu desejo compulsivo pela coroa, sua absoluta falta de ética. O público fica inteirado de suas pérfidas intenções, de sua forma dissimulada de agir. Entretanto, quando só, Ricardo sofre com a sua consciência, que o procura como fantasmas das pessoas que ele matara para atingir seu objetivo: o trono inglês. Os espectros o atormentam.

Na boca de Ricardo III caberiam os versos de "There's a Place", a precoce balada de Lennon que integra o álbum *Please Please Me*:

> *There, there's a place*
> *Where I can go*
> *When I feel low*
> *When I feel blue*
> *And it's my mind*
> *And there's no time*
> *When I'm alone*[18]

Pouco depois de apresentar *Ricardo III*, Shakespeare tornou-se, em 1594, cofundador e membro da Companhia do Lorde. Nessa condição, passou a participar dos lucros da operação. Muito rapidamente, a sua companhia passou a ser a mais conhecida e bem-sucedida trupe teatral de Londres.

Esse grupo de atores, na sua maior parte, acompanhou Shakespeare por toda a sua carreira. Dois deles, como se disse, foram os responsáveis por reunir toda a sua obra e publicá-la em 1623, alguns anos após a morte do Bardo.

Embora fosse necessário ter um patrono, a companhia teatral de Shakespeare gozava de independência financeira e do apreço do público. Como consequência, desfrutava de relativa liberdade para escolher os temas a serem tratados, inclusive os de natureza política — o que era feito, entretanto, sempre com cuidado.

---

18 Existe um lugar/ Aonde eu posso ir/ Quando eu me sinto fraco/ Quando eu me sinto triste/ E trata-se da minha mente/ E não existe tempo quando estou sozinho.

No começo, tanto Shakespeare como os Beatles não revelaram, de pronto, sua genialidade. Antes, demonstraram a inteligência de compreender os modelos existentes e, em grande parte, partiram deles para se expressar.

PARLOPHONE THE BEATL

INVENTUDE

ATO I: JUVENTUDE

O homem que não tem música em si,
Que a doce melodia não comove,
É feito pra traição e para o crime;
É como a noite o tom de seu espírito;
Seus sentimentos negros como Erebus;
Não é de confiança. Escuta a música!

– O MERCADOR DE VENEZA, ATO V[19]

O público tem sempre razão. O que ele quer?

Desde há muito, o *show business* — expressão em inglês que se refere ao mundo do espetáculo — revela que o sucesso duradouro nasce da simbiose de dois elementos: talento e tino comercial.

O talento deve ser envelopado para a venda, ou seja, para que o público queira consumir o produto. O artista, para que tenha êxito, precisa sintonizar-se com o desejo da plateia.

Isso não quer dizer, é claro, que a arte deve se submeter servilmente ao gosto popular. Muitos artistas excepcionais não fizeram isso e morreram em estado de miséria, sem qualquer reco-

---

19 *The man that hath no music in himself,/ Nor is not moved with concord of sweet sounds,/ Is fit for treasons, stratagems, and spoils;/ The motions of his spirit are dull as night/ And his affections dark as Erebus./ Let no such man be trusted. Mark the music. (The Merchant of Venice, act V, scene 1)*

nhecimento, como Vermeer e Van Gogh. O talento desses geniais pintores só foi percebido depois de suas respectivas mortes. Tanto Shakespeare quanto os Beatles, entretanto, compreenderam à perfeição o conceito de *show business* — o comércio da arte.

Quando Shakespeare foi admitido em sua companhia teatral, deveria criar peças que cativassem o público. Cabia a ele escrever dramas que atraíssem a atenção dos espectadores. Afinal, a sua trupe, naquela época, alugava a casa de espetáculo. Havia contas a pagar. E essas contas não seriam quitadas com peças experimentais e assuntos inatingíveis.

Please Please Me foi um sucesso estrondoso. Imediatamente, os Beatles se tornaram celebridades. O grupo exercia enorme atração entre os jovens, em especial entre as meninas. Uma das regras a que John teve que se submeter foi a de esconder para o público sua relação com Cynthia, sua namorada desde 1958, com quem passara a morar em 1962. Epstein achava que um Beatle casado não seria bom para a imagem livre e jovem da banda (Shakespeare, John e Ringo se casaram com suas mulheres grávidas).

As canções deveriam falar para essa juventude, a maior consumidora de discos. Ademais, os Beatles também eram jovens. Havia uma sintonia natural.

No fim de 1963, os Beatles lançam seu segundo álbum: *With the Beatles*.

LADO A
- It Won't Be Long
- All I've Got to Do
- All My Loving
- Don't Bother Me
- Little Child
- Till There Was You
- Please Mr. Postman

CAPA DO ÁLBUM *WITH THE BEATLES*, DE 1963

LADO B
- Roll Over Beethoven
- Hold Me Tight
- You Really Got a Hold on Me
- I Wanna Be Your Man
- Devil in Her Heart
- Not a Second Time
- Money (That's What I Want)[20]

---

20 Não vai demorar/ Tudo que tenho de fazer/ Não me incomode/ Pequena criança/ Até lá era você/ Por favor, senhor carteiro/ Esqueça Beethoven/ Abrace-me forte/ Você realmente me pegou/ Quero ser seu homem/ Demônio em seu coração/ Não uma segunda vez/ Dinheiro (isto é o que eu quero).

Novamente, 14 canções, das quais seis da lavra de outros compositores. O resto era assinado pela dupla Lennon e McCartney, com exceção de uma faixa de Harrison, "Don't Bother Me", a primeira de sua autoria a ser gravada. O disco vai para o topo das paradas. Desbanca *Please Please Me*, que permanecera por trinta semanas como o álbum mais vendido.

A *beatlemania* estourava. Os rapazes de Liverpool se tornaram um fenômeno, objeto de histeria coletiva.

No começo de 1964, logo após a canção "I Wanna Hold Your Hand" atingir a primeira colocação nas paradas de sucesso, o grupo musical fez sua primeira turnê pelos Estados Unidos, onde foram tratados como ídolos. Além disso, apareceram no programa mais popular da televisão americana, o *Ed Sullivan Show*, para quebrar todos os recordes de audiência: estima-se que, naquele dia 9 de fevereiro de 1964, 73 milhões de espectadores assistiram aos Beatles (um número fabuloso, levando-se em consideração que a população dos Estados Unidos, naquele ano, era de 191 milhões).

No entanto, nem tudo foram flores. Logo após a chegada dos Beatles aos Estados Unidos, a prestigiosa revista *Newsweek* publicou a seguinte avaliação do grupo:

"Visualmente, eles são um pesadelo: ternos *beatniks*, extravagantes e eduardianos, com cortes de cabelos que remetem a enormes formas de pudim. Musicalmente, são quase um desastre, com as guitarras e a bateria retumbando numa batida impiedosa que abole ritmos secundários, harmonia e melodia. Suas letras (pontuadas por excêntricos gritos de *yeah, yeah, yeah!*) são uma catástrofe, uma absurda mistura de sentimentos românticos de cartões de Dia dos Namorados."

Os Beatles eram um grupo de garotos do interior da Inglaterra que acabaram por alcançar um estrondoso sucesso nos Estados Unidos. Era natural que viessem as censuras.

OS BEATLES NO *ED SULLIVAN SHOW*, EM 1964

Em 1592, o dramaturgo Robert Greene (1558–1592), então muito mais conhecido em Londres do que o jovem — e aspirante a dramaturgo — William Shakespeare, publicou uma crítica aberta ao Bardo:

"Sim, não confiai neles [os Atores], pois há um corvo arrivista que se adornou com nossas penas, que, com coração de tigre envolto em pele de Ator, acredita-se capaz de bombardear um verso branco[21] como os melhores de vós; e, sendo um absoluto faz-tudo, acredita ser o único abalador de cena no país."[22]

---

21 "Verso branco" é como se chamava o decassílabo não rimado.

22 *Yes, trust them not, for there is an upstart crow, beautiful with our feathers, that, with his Tygers heart wrapt in a Players hide, supposes he is as well able to bombast out a blanke verse as the best of you; and being an absolute Johannes Factotum, is in his owne conceit the onely Shake-scene in a countrie.*

Greene, famoso também por sua boemia, reclamava de que, segundo ele, Shakespeare copiava outros autores — "um corvo arrivista que se adornou com nossas penas" — e tinha uma personalidade arrogante, pois se sentia o único "abalador de cena" [*Shake-scene*] do país. Greene ainda faz referência à terceira parte de *Henrique VI*, peça de Shakespeare na qual a rainha é descrita, pelo Bardo, como "coração de mulher envolto na pele de um tigre".

Os julgamentos, por mais duros que sejam, são inevitáveis e importantes para o amadurecimento.

A crítica aberta, da forma como Shakespeare a recebeu, também refletia, de certa maneira, o sucesso. Naquela época, havia outros dramaturgos em Londres. No começo de 1593, disputavam nos palcos da capital inglesa *A tragédia espanhola*, de Thomas Kyd (1558–1594), *O judeu de Malta*, de Kit Marlowe, *Frade Bacon e Frade Bungay*, de Robert Greene, e a própria *Tito Andrônico*, de Shakespeare. O rapaz de Stratford, um forasteiro sem histórico em universidades, era concorrência. Com efeito, a falta de curso universitário foi, no início, motivo de preconceito contra Shakespeare. O grupo de dramaturgos que frequentou Cambridge ou Oxford recebeu a alcunha de *university wits*, algo como "espertinhos universitários", ou mesmo "sábios universitários". Já aqueles desprovidos de estudos ganharam, por sarcasmo, o apelido de membros da "Escola da Noite".

O público queria consumir os Beatles, que, então, planejaram fazer um filme — um poderoso meio de se comunicar com seus fãs. No verão de 1964, dão à luz *A Hard Day's Night*, o filme e o disco.

LADO A
- A Hard Day's Night
- I Should Have Known Better

CAPA DO ÁLBUM *A HARD DAY'S NIGTH*, DE 1964

- If I Fell
- I'm Happy Just to Dance with You
- And I Love Her
- Tell Me Why
- Can't Buy Me Love

LADO B
- Any Time at All
- I'll Cry Instead
- Things We Said Today
- When I Get Home

- You Can't Do That
- I'll Be Back[23]

Todas as canções, sem exceção, foram compostas pela dupla Lennon e McCartney. Não havia mais espaço para cantar músicas de outros artistas. Os rapazes queriam expressar seus próprios sentimentos. Os temas seguiam ainda adolescentes, porém mais densos. Além das dançantes e explosivas "A Hard Day's Night" e "Can't Buy Me Love", havia baladas como "And I Love Her" — e algumas até com discussões mais profundas, como "If I Fell" e "I'll Cry Instead".

Como artistas, assistia-se a uma evolução. O disco marcava também o ápice da primazia de John Lennon sobre a banda. Nesse álbum, ele canta dez das 13 músicas.

No Brasil, o filme recebeu o nome de *Os reis do iê-iê-iê*. Na Itália, foi *Tutti per uni*, e, na França, *Quatre garçons dans le vent*. O fenômeno tornou-se internacional.

O filme, gravado em preto e branco, tem uma história confusa. Registra um dia na vida do grupo, em que os quatro chegam a Londres para gravar um show de TV, fugindo das fãs e enfiando-se em pequenas confusões. Na realidade, tratava-se de um veículo para que os Beatles aparecessem na tela cantando novas composições.

Nas filmagens de *A Hard Day's Night,* George conhece a beldade Pattie Boyd, com quem acaba por se juntar em 1966. Foi para ela que, anos depois, George viria a compor, entre outras, "Something". O casal só se separaria em 1977. Pattie, anos depois, viria a ter um caso amoroso com os guitarristas Ronnie

---

23 Eu deveria ter imaginado/ Um dia difícil/ Se eu me apaixonar/ Estou feliz só de dançar com você/ E eu a amo/ Me diga por quê/ Não pode me comprar o amor/ A qualquer instante/ Eu vou chorar em vez disso/ Coisas que dissemos hoje/ Quando eu chegar em casa/ Você não pode fazer isso/ Eu voltarei.

GEORGE HARRISON E PATTIE BOYD

Wood, dos Rolling Stones, e Eric Clapton (para se ter ideia da confusão: ainda casado com Pattie, George teve um romance com a primeira esposa de Wood, Krissy Findlay, que, por sua vez, Wood "roubou" de Eric Clapton. Nesse mesmo período, vivendo entre esses deuses da guitarra, Krissy Findlay ainda teve um caso com Jimmy Page, do Led Zeppelin). Eric Clapton e Pattie Boyd — ou Pattie Harrison Clapton — se casaram depois de ela ter deixado George Harrison (nada que abalasse a amizade dos três: no ano em que Pattie se juntou a Eric, a trinca passou o Natal junto, na casa dos Clapton. A única reclamação de George dizia respeito a Pattie ter deixado de ser vegetariana...). Eric Clapton fez para ela as lindas "Layla" e "Wonderful Tonight". A ex-mulher do Beatle pode, portanto, ostentar o título da grande musa do rock.

No filme *A Hard Day's Night*, Paul McCartney em determinado momento olha-se no espelho e faz a seguinte citação de

Hamlet: "Essa sólida carne um dia será derretida."[24] É possível que isso tenha decorrido da influência de sua namorada na época, a ruiva Jane Asher, atriz shakespeariana.

O sucesso dos Beatles não tinha precedentes. Até mesmo nos Estados Unidos, berço do rock and roll, o quarteto de Liverpool experimentou a fama como nenhum outro grupo inglês jamais experimentara.

Seus shows ficavam invariavelmente lotados, com uma plateia histérica, que berrava sem parar nas apresentações. De fato, durante as *performances*, o grupo mal conseguia escutar o que tocava. Em determinada ocasião, um jornalista indagou John Lennon se não se incomodava de não ouvir a banda durante as apresentações. O cínico John rapidamente respondeu-lhe: "Não, a gente não se importa. Nós temos os discos em casa."

Peter Sellers, famoso comediante britânico, gravou, em 1965, uma cena recitando a letra de "A Hard Day's Night" como se fosse o grande ator shakespeariano Laurence Olivier em *Ricardo III*, a quem imitava. Curiosamente, o monólogo atingiu o vigésimo lugar nas paradas de sucesso britânicas.

Com as mortes prematuras dos dramaturgos Marlowe, Kyd e Greene, além da aposentadoria de Lyly — todos fatos ocorridos antes de 1594 —, Shakespeare se tornou, ainda cedo na sua carreira, o mais popular autor da dramaturgia londrina. Com os Beatles se deu o mesmo: rapidamente se tornou o grupo mais popular da Inglaterra.

Para garantir que seus teatros permanecessem lotados, Shakespeare, depois de ganhar respeito como autor, elaborou, entre 1595 e 1597, seis peças: *Trabalhos de amor perdidos, Romeu e Julieta, Vida e morte do rei João, Sonho de uma noite de verão, Ricardo II* e *O mercador de Veneza*.

---

24   *Oh, that this too, too solid flesh would melt.* (*Hamlet, act I, scene 2*)

PETER SELLERS – *A HARD DAY'S NIGHT*

Trabalhos de amor perdidos tem por enredo uma promessa tola, absolutamente impossível de ser cumprida, que jovens, entre eles o rei de Navarra, fazem entre si: pelo prazo de três anos, não se envolveriam com mulheres, comeriam frugalmente e passariam seu tempo dedicando-se apenas aos estudos. A natureza humana — e a natureza dos jovens mais ainda — não permite essas limitações. É claro que os personagens não são capazes de cumprir a promessa. E isso é contado com muito humor.

Com *Ricardo II* e *Vida e morte do rei João*, Shakespeare retoma o gênero das peças históricas. Todavia, faz nelas algo distinto: as duas obras são integralmente compostas em poesia metrificada — mais especificamente, no pentâmetro iâmbico, ou seja, versos com cinco pares de sílabas de tonicidade alternada, que copiam o tempo do batimento cardíaco. Por exemplo: *"Mine eyes/ are full/ of tears,/ I can/ not see"*. Cinco duplas de sílabas, com a segunda sempre servindo como acento tônico. Tatá/tatá/tatá/tatá/tatá. Assim segue a cadência predominante em toda a peça. Trata-se, em suma, de um longo poema, que se mantém num ritmo mesmerizante, delicioso de ouvir.

Em *Vida e morte do rei João,* conta-se a história de João Sem--Terra, soberano inglês cujo poder é restringido pelos nobres. *Ricardo II*, por sua vez, recorre a um tema ainda mais sensível, pois o monarca fora forçado a abdicar de seu poder em favor de seu primo. Este, ao assumir o trono, torna-se Henrique IV. É o embrião da Guerra das Rosas, pois foi essa quebra da linha hereditária que colocaria as casas York e Lancaster em conflito.

No mesmo período, Shakespeare apresenta ainda outras duas comédias: *Sonho de uma noite de verão* e *O mercador de Veneza*. Em ambas, há várias histórias interligadas.

O mercador de Veneza conta o caso de Bassânio, um jovem irresponsável e perdulário que deseja fazer a corte a uma rica e bela herdeira, de nome Pórcia. Bassânio já havia esbanjado sua herança; sem recurso, pede — pela segunda vez! — algo emprestado a seu amigo Antônio — este, o mercador de Veneza.

Todos os navios de Antônio se encontram pelo mundo — seu capital está investido. Sem liquidez, Antônio recorre a Shylock, judeu que vive de emprestar dinheiro a juros. Antônio e Shylock são rivais no comércio. Shylock confidencia a seu amigo Tubal: "Com ele [Antônio] fora de Veneza, poderei fazer os negócios que bem entender."

O judeu acaba emprestando a quantia solicitada, mas requer, em garantia, que Antônio prometa dar-lhe uma libra de sua própria carne em caso de descumprimento da devolução do empréstimo.

O MERCADOR DE VENEZA, DE ROBERT SMIRKE

Bassânio, depois de algumas reviravoltas, consegue casar-se com Pórcia, mas os navios de Antônio não retornam. Este, portanto, fica sem condições de arcar com sua dívida. Shylock cobra a multa. Antônio é levado ao tribunal de Veneza, pois Shylock exige que lhe seja entregue a libra de carne, tal como contratado.

No julgamento, Pórcia, disfarçada de jovem jurista, acaba por interpretar o contrato celebrado entre Antônio e Shylock, demonstrando que o acordo possui uma falha, na medida em que o judeu não conseguiria retirar a libra de carne de Antônio sem, ao mesmo tempo, derramar sangue, o que não estava previsto. Pela lei, um judeu não poderia sangrar um veneziano. Ao fim, Shylock é condenado e todos, menos ele, têm um final feliz. A exuberante juventude de Pórcia ganha o dia.

Essa fase de temas juvenis em Shakespeare foi marcada, sobretudo, pela única tragédia que o dramaturgo produziu no período. Nela, também avultam os temas adolescentes: a extrema preocupação com a aparência, a paixão fugaz, a rebeldia em relação aos pais, a descoberta do amor, a fuga e, até mesmo, o uso de drogas.

ROMEU E JULIETA, DE ZEFIRELLI

Romeu e Julieta poderia ser o álbum *With the Beatles*.

Os dois adolescentes se apaixonam perdidamente. Seria natural que cantassem, um para o outro, "All My Loving", "You Really Got a Hold on Me" ou "Hold Me Tight". Canções, todas, consideradas hinos de amor juvenis.

Paul canta:

All my lovin', I will send to you
All my lovin', darlin', I'll be true[25]

Ao passo que Julieta diz no balcão:

Eu só anseio pelo que já tenho.
Minha afeição é como um mar sem fim,

---

25 Todo o meu amor, eu mandarei para você/ Todo o meu amor, querida, eu serei fiel.

Meu amor tão profundo: mais eu dou
Mais tenho, pois são ambos infinitos.[26]

Romeu e Julieta é uma das mais famosas histórias de amor, embora tenha um final lamentável, trágico. Os dois jovens pertencem a famílias antagonistas na política de Verona. Sequer se sabe o motivo da profunda rivalidade existente. Romeu é um Montéquio e Julieta, uma Capuleto. Essa relação proibida serve de grande tempero à paixão dos dois adolescentes. Muito rapidamente, eles se enamoram. Casam-se em segredo. Romeu, entretanto, é exilado de Verona por ter matado um primo de Julieta. A separação física é insuportável para o casal. Ajudada por frei Lourenço, Julieta segue um plano de fingir-se de morta, tomando uma poção que a faz parecer assim. É o que ela precisa para escapar de sua família — que lhe arranjara um casamento com o conde Páris — e ir ao encontro de seu amado Romeu. Manda-se uma carta para Romeu, explicando tudo. A carta, entretanto, não chega a tempo ao destino (o frei João, que levaria a missiva para o jovem em Mântua, foi barrado pelos guardas de Verona, que, por acreditar que ele vinha de algum lugar "onde reinava a peste infecciosa", o mantiveram preso em quarentena). Por conta disso, Romeu não ficou sabendo que, na verdade, Julieta continuava viva.

"Please Mr. Postman", de *With the Beatles*, é uma balada ingênua, na qual o amante ansioso por ter notícias de sua namorada pergunta insistentemente se o carteiro lhe trouxe cartas da amada.

Romeu, sem a informação verdadeira, acredita que sua amada morreu. Inconsolado, decide então suicidar-se. Vai até o túmulo de Julieta, o mausoléu dos Capuleto em Verona, e ingere

---

26 *And yet I wish but for the thing I have./ My bounty is as boundless as the sea,/ My love as deep. The more I give to thee,/ The more I have, for both are infinite.* (*The Tragedy of Romeo and Juliet*, act II, scene 2)

um poderoso — e proibido — veneno. Cai morto. Logo em seguida, Julieta desperta e encontra o corpo de seu Romeu já sem vida. Mata-se em seguida. Nenhum dos dois queria viver sem o outro. Ao fim, as famílias dos jovens amantes percebem que a discórdia entre ambas fora a causa da tragédia, mas é tarde demais.

É possível imaginar Romeu, na famosa cena do balcão, quando o corajoso e jovem apaixonado invade a propriedade dos Capuleto para declarar sua paixão, cantarolando: "I Wanna Be Your Man", uma das mais populares faixas de *With the Beatles*.

Trata-se, no entanto, de um amor proibido. As famílias dos dois jovens amantes se odeiam e jamais aceitariam a relação. Quando Romeu é obrigado a deixar Verona, o casal faz juras de que logo se verão e ficarão eternamente juntos. E a primeira canção do disco dos Beatles, "It Won't Be Long", dá conta dessa ansiedade juvenil. Nela, diz-se que não tardará o momento em que o casal estará reunido.

With the Beatles e *Romeu e Julieta* se referem ao mundo juvenil, cheio de excessos e dramas — um mundo no qual a música funciona como ópio, como bem se reconhece na trama de Shakespeare:

PEDRO: Músicos, música! "Alegrias do coração"! "Alegrias do coração"! Se querem que eu viva, toquem "Alegrias do coração"!
1º MÚSICO: Mas por que "Alegrias do coração"?
PEDRO: Ah, músicos, porque sozinho meu coração só está tocando "Tristezas do coração". Por favor, toquem qualquer bobagem alegre para me confortar.[27]

---

27 *Peter: Musicians, O, musicians, "Heart's ease", "Heart's ease", O, and you will have me live, play "Heart's ease". First Musician: Why "Heart's ease"? Peter: O, musicians, because my heart itself plays "My heart is full of woe". O, play me some merry dump, to comfort me.* (*The Tragedy of Romeo and Juliet, act IV, scene 5*)

A Hard Day's Night também é *O mercador de Veneza*. O *hit* "Can't Buy Me Love", por exemplo, serviria muito bem como seu tema. Para começar, a peça segue o comparável ritmo acelerado da canção. Depois, também na obra, amor e dinheiro são entrelaçados. Bassânio precisa de dinheiro para fazer a corte a Pórcia. Em outra subtrama, a filha de Shylock, Jessica, foge da casa do pai para se casar com um cristão, e com esse propósito surrupia boa parte da fortuna da família. Amor e dinheiro se relacionam intimamente nessa peça.

O falecido pai de Pórcia estabelecera em testamento a forma de escolha do marido para a sua filha. Os pretendentes ficariam submetidos ao teste das três urnas: uma de ouro, outra de prata e a terceira de chumbo. Em uma das urnas, havia um retrato de Pórcia. Aquele que escolhesse a urna correta poderia desposar a rica herdeira. Evidentemente, o pretendente tinha apenas uma chance de acertar. Depois de passar por ensinamentos como "Nem tudo o que reluz é ouro" (*"All that glitters is not gold"*, mais uma pérola de sabedoria shakespeariana), Bassânio pega a urna de chumbo e acerta. "O meu amor não se compra", refrão imortalizado por Lennon e McCartney, poderia servir de trilha sonora.

Uma das tramas da peça diz respeito ao anel entregue por Pórcia a Bassânio quando se casam. Pórcia colhe de Bassânio a promessa de que jamais retiraria aquele anel do dedo, símbolo do compromisso e do amor entre os dois. Contudo, ao fim do julgamento de Antônio, Pórcia, disfarçada de jurista (o que era ignorado pelo seu marido), pede, depois de salvar a pele de Antônio, o anel de Bassânio. Bassânio, embora contrariado, acaba por entregar-lhe o objeto (dando-o, sem saber, à sua própria mulher). Quando Bassânio volta para casa, Pórcia, fingindo desconhecer os acontecimentos, logo pergunta onde estaria o anel, fingindo aborrecimento. Em seguida, a jovem revela o que ocorrera — em suma, sua astúcia salvara o dia.

Bassânio, questionado por Pórcia, deveria ter repetido as estrofes da famosa canção:

Say you don't need no diamond rings
And I'll be satisfied
Tell me that you want those kind of things
That money just can't buy
I don't care too much for money
Money can't buy me love

Diga que você não precisa de anéis de diamantes
E eu ficarei satisfeito
Me diga que você quer aquelas coisas
Que o dinheiro não pode comprar
Pois eu não me importo muito com dinheiro
Porque dinheiro não pode comprar meu amor

O filme *A Hard Day's Night* é uma encenação surreal. Nisso, aproxima-se de *Sonho de uma noite de verão*. A peça foi feita por Shakespeare sob encomenda, com o propósito de comemorar um casamento entre famílias nobres.

Assim como em *Romeu e Julieta*, que ele escrevera havia pouco, *Sonho de uma noite de verão* parte da luta dos jovens contra a imposição dos pais acerca de seus casamentos. Em outras palavras, os jovens querem decidir, sem a intervenção dos pais, a quem darão seu afeto.

O enredo é leve e fala de amor. Tudo se passa numa feérica floresta nos arredores da Atenas imaginada pelo dramaturgo.

Hérmia encontra-se apaixonada por Lisandro, porém seu pai, Egeu, prefere que se case com Demétrio (que, por sua vez,

CHARLES HEATH, *SONHOS DE UMA NOITE DE VERÃO*

é apaixonado por Hérmia). Helena gosta de Demétrio, embora não seja correspondida. Os quatro jovens fogem para a floresta: Hérmia e Lisandro, para escapar da ordem de Egeu, que não quer a união dos dois. Demétrio vai, então, atrás de Hérmia e Helena, por sua vez, atrás de Demétrio. São, como se vê, todos temas juvenis: pais que desaprovam o amor de seus filhos — e querem impor suas vontades, desconsiderando os sentimentos daqueles. De outro lado, há Helena, vítima do amor rejeitado, noutro tópico adolescente.

Na floresta, os reis das fadas, Titânia e Oberon, discutem pela posse de uma criança que está com a rainha. Oberon, o rei, decide enfeitiçar Titânia, dando a ela uma poção do amor cujo efeito consiste em fazê-la se apaixonar pela primeira coisa que avistar depois de consumi-la. Segundo o plano de Oberon, quando Titânia estivesse apaixonada sob o efeito da poção, ele poderia roubar a criança.

Oberon, ao ver os quatro jovens na floresta, pede que Puck, seu assistente, enfeitice também Demétrio, para que este se apaixone por Helena. Ocorre que o desastrado Puck, por engano, dá a poção para Lisandro, e este cai de amores por Helena. A confusão se instaura: Helena segue apaixonada por Demétrio, que quer Hérmia. Esta ama Lisandro, mas agora Lisandro ama Helena. Uma ciranda.

Também na floresta, homens do povo preparam uma peça a fim de entreter o casamento do duque de Atenas, que se aproxima. Entre os participantes dessa trupe está Novelo. Puck, uma das criaturas mágicas, decide, por pura travessura, colocar uma cabeça de burro em Novelo. Isso faz com que os demais atores fujam assustados.

Enquanto isso, Titânia, a quem fora dada a poção, acorda e vê Novelo com sua cabeça de burro. Apaixona-se por mágica. Eis a desordem: a rainha das fadas cai louca de amor por um homem com cabeça de asno.

Quando Oberon consegue pegar a criança, o encantamento em Titânia é desfeito. A magia que tomara Lisandro também acaba, e ele volta a amar Hérmia. Entretanto, Demétrio, também sob feitiço, conserva o novo amor por Helena. Assim, comemoram-se os três casamentos: além do duque de Atenas, casam-se também Hérmia com Lisandro e Helena com Demétrio.

Novelo, já sem a aparência de burro, acha que tudo não passou de um sonho... Um sonho de uma noite de verão. Nessa peça, a realidade e o sonho caminham lado a lado.

Sonho de uma noite de verão fala de como as pessoas podem se apaixonar — não raro, como se fosse um passe de mágica. Apaixonados, enxergamos o objeto da nossa paixão por uma lente distorcida. A rainha das fadas pode ficar enlouquecida por um homem com cara de asno porque, na paixão, perdemos a razão. Passamos a viver em um mundo paralelo e encantado. Além disso, parece não haver profundas diferenças entre os quatro jovens: todos se assemelham extraordinariamente quando apaixonados.

A letra de "A Hard Day's Night" relata que as dificuldades do dia — no qual se trabalhou como um cão — ficam para trás quando se encontra o amor à noite, em casa — *when I'm home, everything seems to be right/ when I'm home feeling you holding me tight*.[28] A paixão cura.

Em abril de 1964, no quarto centenário do nascimento de Shakespeare, os Beatles participaram de uma encenação de *Sonho de uma noite de verão* que, recentemente, tornou-se *cult* na internet. Afinal, Shakespeare era um monumento da cultura inglesa e europeia, e mesmo os jovens "rebeldes" viam motivos para reverenciá-lo.

Marianne Faithfull, jovem cantora inglesa, naquele tempo namorada de Mick Jagger, dos Rolling Stones, mas amiga dos quatro Beatles, interpretou Ofélia, em *Hamlet*, numa produção cinematográfica de 1969. O mundo pop pagava um tributo ao Bardo.

Mais especificamente, o quarteto representou, em tom de farsa, a primeira cena do quinto ato da peça shakespeariana. Nessa parte de *Sonho de uma noite de verão*, há uma peça dentro de outra peça. Os súditos do rei de Atenas ensaiam a montagem do espetáculo *Píramo e Tisbe*. No curto esquete, John fez o papel da donzela Tisbe; Paul foi Píramo; George era Moonshine (o

---

28   Quando estou em casa/ Tudo parece uma maravilha/ Quando estou em casa/ Sentindo você me abraçar forte.

APRESENTAÇÃO DOS BEATLES DA PEÇA *SONHO DE UMA NOITE DE VERÃO*, EM 1964

luar); e Ringo, um leão. Adiante, Paul daria ao seu gato o nome de Tisbe, em outra homenagem a Shakespeare.

Após *Sonho de uma noite de verão*, o prestígio de Shakespeare era tão grande que, em 1596, se sente confortável para reclamar um brasão para sua família, renovando um requerimento iniciado, tempos atrás, por seu pai. Tratava-se de um fator de grande reconhecimento social (que finalmente chegou em 1599). O dramaturgo passava a ser um "cavalheiro".

Na Inglaterra da época, o *status* social tinha implicações, inclusive, na vestimenta. Leis determinavam o que cada uma das classes poderia vestir, bem como as cores indicadas, que deveriam ser adotadas de acordo com o *status* social. As pessoas comuns, por exemplo, tinham de usar gibões ou pano comum, sendo-lhes vedado trajar seda, veludo, cetim ou bordados com ouro. Quando Shakespeare tornou-se um cavalheiro — *gentleman* —, passa a poder vestir-se de veludo, ao contrário da grande parte de seus colegas atores.

No brasão da família Shakespeare, havia a imagem de uma lança (*spear*), em clara referência ao nome. O mote escolhido foi *Non sans droict*, isto é, "Não sem direito". Era uma forma de dizer que o titular daquela honra fizera por merecê-la. Sabe-se, entretanto, que o funcionário responsável pelo registro, possivelmente por equívoco, cometeu um erro no formulário para concessão do brasão. Ele colocou uma vírgula depois de "não", escrevendo *Non, sans droict*, o que seria: "Não, sem direito" (ou sem justificativa). O equívoco no lema foi consertado, mas não evitou que Shakespeare sofresse o deboche.

Quando o Bardo recebeu a honraria, houve quem reclamasse do fato de uma pessoa ligada ao teatro se tornar cavalheiro. Para grande parte da aristocracia, um artista, de forma geral, não merecia esse reconhecimento. O dramaturgo sofreu preconceito pela sua origem e pela sua ocupação.

Numa comédia exibida em 1599, *Every man out of his humor* (*Cada qual com seu humor*), obra de outro dramaturgo famoso na época, Ben Jonson — possivelmente, o maior rival de Shakespeare naquele tempo —, há um personagem bufão, chamado Sogliardo. Este, na peça, paga trinta libras por um brasão, onde se lê: "*Not without mustard*" ("Não sem mostarda"). A piada com Shakespeare era óbvia. Mas era boa.

Os Beatles também receberam "espetadas" de seus rivais.

Durante os anos 1960, possivelmente a outra banda musical de parelha influência foram os Rolling Stones.

Os Rolling Stones foram, se se permitir a comparação, o Christopher Marlowe de seu tempo. Assumidamente rebeldes e barulhentos. Dizia-se que, enquanto os Beatles queriam segurar

BRASÃO DE SHAKESPEARE

sua mão (numa alusão à doce "I Wanna Hold Your Hand"), os Stones queriam queimar sua casa. O paralelo de Shakespeare/Beatles e, de outro lado, Marlowe/Rolling Stones vai longe.

Em 1969, tanto os Beatles como os Rolling Stones estavam nos estúdios, trabalhando em seus respectivos álbuns. Era notória a desarmonia entre os Fab Four: notadamente as diferenças entre John e Paul, além do desencanto de George e Ringo. As duas lendárias bandas, então, lançam seus discos com pouco tempo de diferença. Enquanto os Beatles apresentam *Let It Be*, os Stones, que já sabiam da música de seus rivais, com o mesmo nome, oferecem o *Let It Bleed — Deixa sangrar*. Até hoje se discute se a provocação foi proposital — mas esse embate fica apenas entre aqueles que acreditam em coincidências...

O DRAMATURGO BEN JONSON

Em 1965, após *A Hard Day's Night*, quando o grupo havia chegado ao topo das paradas de sucesso em todo o mundo, a Inglaterra concedeu ao quarteto de Liverpool uma enorme honraria: John, Paul, George e Ringo foram agraciados com o título de Membros do Império Britânico — *Members of the British Empire* (MBE), em função dos serviços prestados ao país. Houve reação negativa de setores mais conservadores.

Em 25 de novembro de 1969, contudo, John Lennon optou por devolver a insígnia, acompanhada da seguinte carta:

Majestade,
Estou devolvendo meu MBE em protesto contra o envolvimento da Grã-Bretanha no lance Nigéria–Biafra, contra

OS ROLLING STONES EM 1965

nosso apoio aos EUA na guerra do Vietnã e contra a queda de "Cold Turkey" nas paradas de sucesso.

Com amor, John Lennon[29]

"Cold Turkey" era a música que John acabara de lançar.

As autoridades inglesas emitem um curto pronunciamento acerca do incidente. Registram apenas ser curioso o fato de que a primeira vez que alguém devolveu essa medalha ocorrera poucos anos antes, em 1965, exatamente em protesto pela entrega do MBE aos Beatles.

---

29   No original: *Your Majesty, I am returning my MBE as a protest against Britain's involvement in the Nigeria-Biafra thing, against our support of America in Vietnam and against "Cold Turkey" slipping down the charts. With love, John Lennon.*

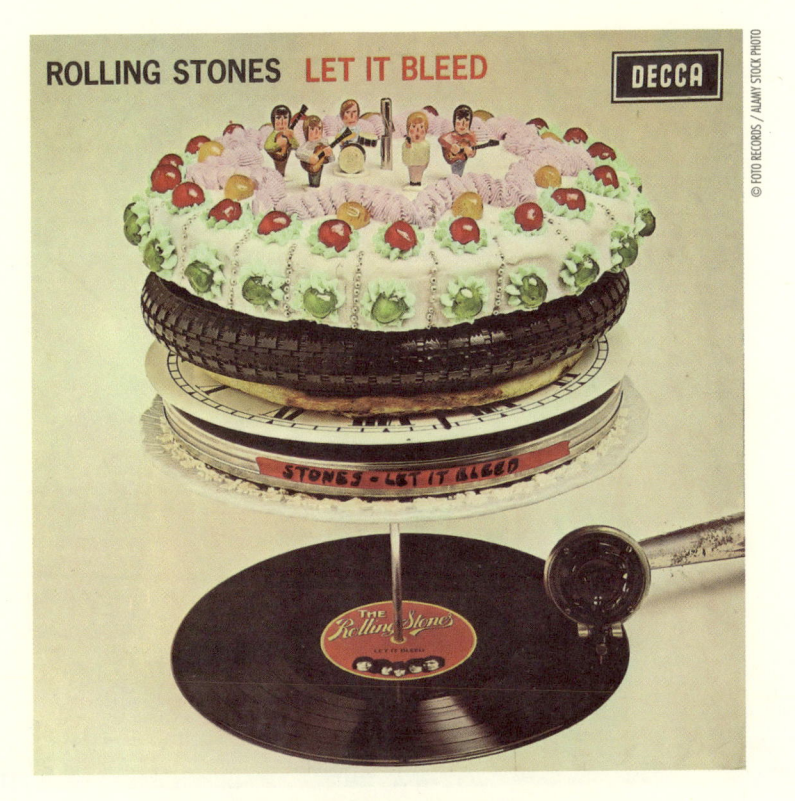

CAPA DO ÁLBUM *LET IT BLEED*, DA BANDA ROLLING STONES (1969)

Por volta de 1594, nessa fase juvenil de Shakespeare, o Bardo produz sonetos dedicados à misteriosa *Dark Lady* — a "senhora negra" ou "dama morena". Ela é apresentada no Soneto 127, aqui em tradução livre:

> Em tempos remotos, o negro não era belo,
> Ou, se fosse, assim não seria chamado;
> Mas agora surge a herdeira da negra beleza,
> E o belo está imprecado de bastardia;
> Desde que as mãos detêm o poder sobre a natureza,
> Embelezando a feiura com o falso rosto da arte,
> A doce beleza não tem nome, nem jardim sagrado,
> Vive profanada, ou caiu em desgraça.
> Os olhos de minha senhora são escuros como o corvo,

OS BEATLES RECEBENDO O MBE

Tão belos são seus olhos, e sua tristeza tão comovente,
Que, mesmo sem ser bonita, ainda é bela,
Difamando a criação com falsa estima.
Eles se entristecem com a própria aflição,
Ao ouvirem não haver beleza como a dela.[30]

---

30   *In the old age black was not counted fair,/ Or if it were, it bore not beauty's name;/ But now is black beauty's successive heir,/ And beauty slander'd with a bastard shame:/ For since each hand hath put on nature's power,/ Fairing the foul with art's false borrow'd face,/ Sweet beauty hath no name, no holy bower,/ But is profaned, if not lives in disgrace./ Therefore my mistress' eyes are raven black,/ Her eyes so suited, and they mourners seem/ At such who, not born fair, no beauty lack,/ Slandering creation with a false esteem:// Yet so they mourn becoming of their woe,/ That every tongue says beauty should look so.* (Sonnet 127)

Discute-se qual a verdadeira identidade dessa *Dark Lady*. Seria uma referência autobiográfica ou apenas uma idealização do poeta e dramaturgo? Das candidatas, a mais forte concorrente é Emilia Lanier, nascida Bassano. Filha de um músico, de origem judia e italiana. Não era, portanto, "branca" para o padrão inglês de então. Tanto ela quanto o dramaturgo eram casados quando houve o *affair*. Acredita-se que, quando Shakespeare escreve *Otelo*, o romance já se havia encerrado, tanto que o dramaturgo, possivelmente para provocar, nomeia "Emilia" a mulher de Iago, o grande vilão da peça.

A amante — *femme fatale* elisabetana —, real ou imaginária, é revelada nos sonetos.

No Soneto 144, Shakespeare demonstra seu desapontamento com ela, por quem tanta paixão revelara no Soneto 127, ao relacionar a mulher ao diabo:

> Para arrastar-me ao inferno, meu lado feminino
> Tenta meu anjo bom e companheiro,
> Querendo de santo transformá-lo em demônio:[31]

Em *With the Beatles*, o quarteto de Liverpool canta "She's got the devil in her heart".

Para muitos, a juventude significa o momento mais mágico da vida. Nele, conhecemos e testamos nossos limites. Segundo alguns, tudo o que vivemos depois não passa de uma repetição, menos colorida e cheirosa, do que experimentamos, violentamente, na juventude.

Shakespeare e os Beatles, nessa época, testaram seus limites. Registraram o mundo dos jovens de forma profunda e intensa.

---

31 *To win me soon to hell, my female evil/ Tempteth my better angel from my side,/ And would corrupt my saint to be a devil.* (*Sonnet 144*)

Uma sequência de sonetos do Bardo é conhecida como "Fair Youth" — que pode ser traduzido como "Belo Jovem". Um dos mais conhecidos é o Soneto 18. Discute-se se Shakespeare o fez para um homem ou para uma mulher, pois a versão original permite todas as interpretações. Embora se admitam diversas leituras, nesse poema o Bardo compara o objeto de seu amor a um belo dia de verão, para concluir que, ao contrário desse dia, que, embora lindo, passará, o seu amor permanecerá vivo, imortalizado pelo canto do poeta.

> Como hei de comparar-te a um dia de verão?
> És muito mais amável e mais amena:
> Os ventos sopram a flor-botão de maio,
> E o verão finda antes que possamos começá-lo:
> Por vezes, o sol brilha com rigor,
> Ou esconde o rosto dourado sob a névoa;
> E tudo que é belo um dia acaba,
> Seja pelo acaso ou por sua natureza;
> Mas teu eterno verão nunca se apagará,
> Nem perderá o frescor que tu possuis;
> Nem a morte virá arrastar-te sob a sombra,
> Quando os versos te elevarem à eternidade:
> Enquanto a humanidade puder respirar e ver,
> Viverá meu canto, e ele te fará viver.[32]

---

32 Eis o original:
Shall I compare thee to a summer's day?/ Thou art more lovely and more temperate:/ Rough winds do shake the darling buds of May,/ And summer's lease hath all too short a date:/ Sometime too hot the eye of heaven shines,/ And often is his gold complexion dimmed,/ And every fair from fair sometime declines,/ By chance, or nature's changing course, untrimmed;/ But thy eternal summer shall not fade,/ Nor lose possession of that fair thou ow'st,/ Nor shall Death brag thou wand'rest in his shade,/ When in eternal lines to time thou grow'st,/ So long as men can breathe, or eyes can see,/ So long lives this, and this gives life to thee. (Sonnet 18)

Um amor que se eterniza pela força da mensagem. Assim também fizeram os jovens de Liverpool:

Close your eyes and I'll kiss you
Tomorrow I'll miss you
Remember I'll always be true.

Feche os olhos e eu te beijarei
Amanhã sentirei sua falta
Lembre-se que sempre serei verdadeiro

Ouvir os Beatles ou ler Shakespeare nesse período juvenil faz a gente querer se apaixonar.

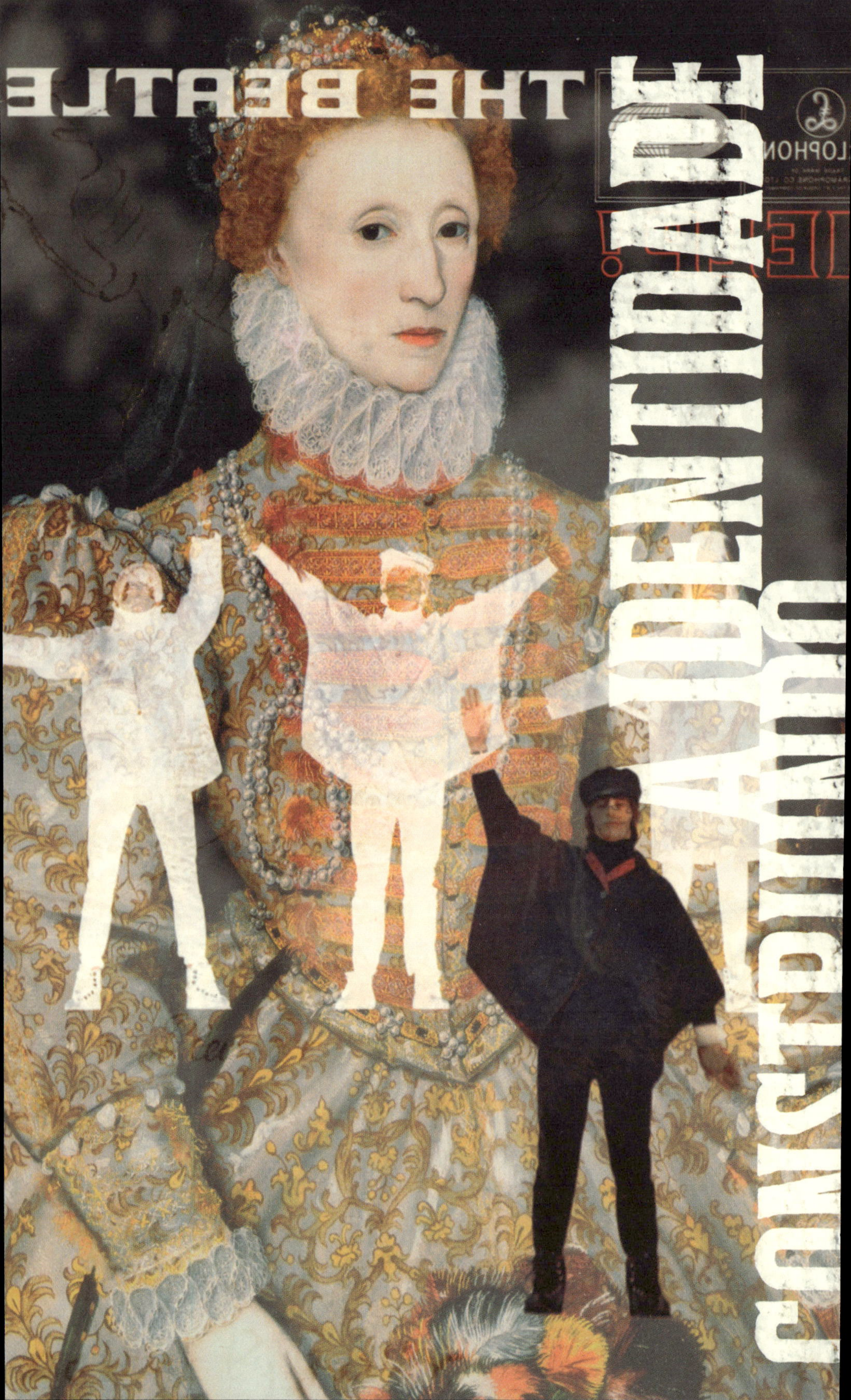
THE BEATLE

ATO II: CONSTRUINDO A IDENTIDADE

Dom Pedro: Vamos, Balthasar, cante novamente a canção.
Balthasar: Meu bom senhor, não faça uma voz tão ruim Para ferir uma canção mais de uma vez.

– *Muito barulho por nada*, ATO II, CENA 3[33]

Há um momento-limite na vida do artista. Ocorre quando ele se encontra na fronteira entre, de um lado, continuar respeitando os modelos que funcionam e levaram, até então, sua carreira adiante, e, de outro, livrar-se dos padrões, ousando, a fim de construir sua própria história.

Em alguns momentos, as contribuições oferecidas por homens e mulheres ao longo da história se revelam tão poderosas, tão extraordinárias e transformadoras, que o mundo, depois delas, jamais continua o mesmo. Elas servem para quebrar paradigmas, estabelecendo novos modelos. Já se disse, inclusive, que isso pode funcionar como pedra de toque da genialidade. Tanto Shakespeare quanto os Beatles servem de exemplo. Ambos cria-

---

[33] Don Pedro: Come, Balthasar, we'll hear that song again. / Balthasar: O, good my lord, tax not so bad a voice / To slander music any more than once. (Much Ado About Nothing, act II, scene 3)

ram novos padrões, e o mundo mudou depois deles. Não se faz isso sem ousadia. Para tanto, há de se romper com o passado — e com o próprio passado do artista.

Nietzsche, com razão, ensinou no prólogo de *Ecce homo* que "retribui-se mal a um mestre continuando-se sempre apenas aluno". Depois de colher as lições e compreender os exemplos, faz parte do processo de desenvolvimento lançar-se sozinho, respeitando um estilo próprio. Forma-se, assim, uma identidade.

Entre 1598 e 1600, Shakespeare produziu oito peças: três relacionadas a temas históricos, quatro comédias e uma tragédia. Foi um período de transição.

Naquele momento, fez suas últimas peças históricas, encerrando a tetralogia que começara com *Ricardo II*, cerca de cinco anos antes. Trata-se das duas partes de *Henrique IV* e *Henrique V*.

Essas peças diferem muito das três partes de *Henrique VI*, às quais ele se dedicou anos antes. Agora, Shakespeare elabora e sofistica seus personagens. Assistimos, em *Henrique IV*, ao amadurecimento do príncipe Hal, que inicia como um rapaz mimado, ocupado com farras, até se transformar no responsável rei Henrique V. Na segunda parte de *Henrique IV*, o Bardo retrata a única cena, em toda a sua obra, de uma conversa do filho com o pai no seu leito de morte. Seguramente, um reflexo da perda de seu filho, que Shakespeare experimentara há menos de um ano.

Há também, nessas duas partes de *Henrique IV*, o mais popular, ao menos na época, personagem shakespeariano: Sir John Falstaff.

Falstaff era um fanfarrão perfeito. Malandro, pândego, beberrão, espirituoso. Suas tiradas eram repetidas nas ruas. Sua forma irresponsável e gaiata de enfrentar a vida encantava a plateia.

HERBERT BEERBOHM COMO FALSTAFF

As comédias de Shakespeare nesse período, por sua vez, foram *Muito barulho por nada, Como gostais, Noite de reis* e *As alegres comadres de Windsor*.

Nelas, o Bardo aprofundou a discussão acerca do papel da mulher. Abusou dos trocadilhos e dos jogos de palavra, mostrando incomparável domínio da língua. *Muito barulho por nada* tem o título original de *Much Ado About Nothing*. *Nothing* ("nada") era pronunciado da mesma forma como *Noting* (gerúndio de "notar").

Nessa comédia, as confusões narradas decorrem de falhas de comunicação — ou seja, de problemas causados porque alguém "notara" algo de forma equivocada. Assim, o título poderia significar "muito barulho por nada" ou "muito barulho por se notar (algo)". Ambos funcionavam e, dessa forma, o dramaturgo induzia seu público a pensar.

Como se não bastasse a identidade sonora entre *nothing* e *noting*, *no thing* era uma conhecida gíria para se designar o órgão sexual, sobretudo o masculino, mas o feminino também. Assim, *Much Ado About Nothing* admitia ser lido com diversos sentidos...

As alegres comadres de Windsor é uma peça peculiar. Consta que nasce de uma encomenda da Rainha Elizabeth I: Sua Majestade queria ver John Falstaff, aquele delicioso personagem, apaixonado. Shakespeare, segundo a lenda, concluiu o trabalho em duas semanas. A sua primeira *performance* se deu no dia 23 de abril de 1597, no Castelo de Windsor, muito provavelmente com a rainha na primeira fila.

É a única peça, de todas do cânone, cuja ação se dá próxima ao tempo de Shakespeare, e não num passado mais distante. Além disso, e também excepcionalmente, é a única comédia que se passa na Inglaterra. O enredo nada tem de complexo: Falstaff decide fazer a corte a duas mulheres casadas, as senhoras Page e Ford, ao mesmo tempo. Elas descobrem o estratagema — porque ambas recebem cartas de amor com conteúdo idêntico — e decidem fazer graça com o beberrão.

Não se trata de uma obra extraordinária, embora seja engraçada. Para muitos, cuida-se da pior peça do cânone. O poeta W. H. Auden (1907-1973) dizia que, em vez de ler a peça, era melhor escutar a versão da ópera cômica de Verdi, *Falstaff*, de 1893, baseada em *As alegres comadres de Windsor*.

Depois de *A Hard Day's Night*, os quatro rapazes de Liverpool passaram a viver numa montanha-russa. Faziam um *show* após o

PINTURA DA RAINHA ELIZABETH I DA INGLATERRA E IRLANDA

outro, cruzando todos os continentes. Em 1964, apresentaram-se na América, na Europa e na Oceania. Não saíam da estrada. Tornaram-se um produto.

Por razões contratuais, deveriam lançar um disco ainda em 1964. Era uma encomenda. Encontraram um bom nome para seu novo álbum: *Beatles For Sale*. De fato, eles estavam à venda.

LADO A
- No Reply
- I'm a Loser

- Baby's in Black
- Rock and Roll Music
- I'll Follow the Sun
- Mr. Moonlight
- Kansas City/Hey, Hey, Hey, Hey

LADO B
- Eight Days a Week
- Words of Love
- Honey Don't
- Every Little Thing
- I Don't Want to Spoil the Party
- What You're Doing
- Everybody's Trying to Be My Baby[34]

Os Beatles, para rapidamente entregar ao ávido público um disco novo, voltavam a gravar músicas de outros artistas: seis clássicos que haviam cantado durante suas temporadas em Hamburgo, antes da fama. De alguma forma, desejavam retornar àquele tempo.

Na capa do álbum, os quatro rapazes apresentam semblantes sérios, com olhar desafiador. Não havia piadas. Eles haviam perdido parte da ingenuidade.

As alegres comadres de Windsor poderia se chamar *Shakespeare for Sale*.

Beatles for Sale e *As alegres comadres de Windsor* foram feitos na correria, para atender a exigências comerciais.

---

34 Sem resposta/ Eu sou um perdedor/ Querida vestida em preto/ Música *rock and roll*/ Eu vou seguir o Sol/ Senhor Luar/ Cidade do Kansas/Hey, Hey, Hey, Hey/ Oito dias por semana/ Palavras de amor/ Querida, não/ Todas as pequenas coisas/ Eu não quero estragar a festa/ O que você está fazendo/ Todos estão tentando ser o meu amor.

CAPA DO ÁLBUM *HELP!*, DE 1965

Faria todo sentido ouvir Falstaff, na sua participação, cantando "I'm a Loser" e "No Reply" ao ser duplamente desprezado e humilhado.

Os Beatles falam diretamente de suas angústias em *Help!*, lançado em agosto de 1965.

LADO A
- Help!
- The Night Before
- You've Got to Hide Your Love Away
- I Need You
- Another Girl
- You're Going to Lose That Girl
- Ticket to Ride

LADO B
- Act Naturally
- It's Only Love
- You Like Me Too Much
- Tell Me What You See
- I've Just Seen a Face
- Yesterday
- Dizzy Miss Lizzy[35]

A música "Help!", que dá título ao disco, é claramente um grito desesperado de John, sufocado pela *beatlemania*. Ele pede ajuda.

I never needed anybody's help in any way
But now these days are gone, I'm not so self assured (but now these days are gone)
(And now I find) Now I find I've changed my mind and opened up the doors

Help me if you can, I'm feeling down
And I do appreciate you being 'round
Help me get my feet back on the ground
Won't you please, please help me?[36]

---

35   Socorro!/ A noite passada/ Você tem de esconder seu amor/ Eu preciso de você/ Outra garota/ Você vai perder aquela garota/ Licença para dirigir/ Agir naturalmente/ É só amor/ Você gosta demais de mim/ Diga-me o que você vê/ Eu acabo de ver um rosto/ Ontem/ Atordoada senhorita Lizzy.

36   Eu nunca precisei da ajuda de ninguém em nenhum sentido/ E agora esses dias se foram, eu não sou uma pessoa assim tão segura/ Agora eu acho que mudei minha mente e abri as portas/ Ajude-me, se você puder, eu me sinto pra baixo/ E eu aprecio você estar por perto/ Ajude-me, coloque meus pés de volta no chão/ Você não poderia, por favor, me ajudar?.

Inicialmente, John concebe a canção "Help!" com um ritmo lento, mas o grupo entendeu que, daquela forma, ela tornava-se profundamente depressiva. Ao acelerarem a batida, o tom pesado ficava disfarçado.

A terceira faixa desse álbum demanda uma força de interpretação: "You've got to hide your love away" — que pode ser traduzido como *Você tem de esconder seu amor*. Eis como a canção termina:

How could she say to me
Love will find a way
Gather round all you clowns
Let me hear you say
Hey you've got to hide your love away

Como ela pôde me dizer
que o amor irá encontrar um jeito
Juntem-se à minha volta todos vocês, palhaços
Deixe-me ouvi-los dizer
Você deve esconder o seu amor

Um amor que deve ser calado. Talvez fosse uma mensagem de John para a sua então mulher, Cynthia, revelando o difícil relacionamento.

O mesmo possivelmente fez Shakespeare em seu Soneto 145.

Estes lábios que a mão do Amor criou
Entreabriram-se para dizer, "Eu odeio",
A mim que sofria de saudades dela:
Mas, ao ver meu estado desolado,
Seu coração se tomou de piedade,
Repreendendo a língua, que, sempre tão doce,
Foi gentilmente usada para me exterminar;

E ensinou-lhe, assim, a dizer, novamente:
"Eu odeio", alterou-se, por fim, sua voz,
Que se seguiu como a noite
Segue o dia, que, como um demônio,
Do céu ao inferno é atirado.
"Eu odeio", do ódio ela gritou,
E salvou-me a vida, dizendo — "Tu, não".[37]

No original, as duas últimas frases são:

'I hate', from hate away she threw,
And saved my life, saying 'not you'.

Para alguns, o *"hate away"* remete a Hathaway, sobrenome de Anne, mulher do Bardo. Como nada em Shakespeare acontece por acaso, acredita-se que, assim como em *"hide you love away"* dos Beatles, o dramaturgo queria, com *"hate away"*, mandar um recado para sua mulher.

Paul, nesse mesmo álbum *Help!*, também dá seu recado com "Yesterday".

Suddenly
I'm not half the man I used to be
There's a shadow hanging over me
Oh, yesterday came suddenly[38]

---

37 *Those lips that Love's own hand did make, / Breathed forth the sound that said 'I hate', / To me that languished for her sake: / But when she saw my woeful state, / Straight in her heart did mercy come, / Chiding that tongue that ever sweet / Was used in giving gentle doom; / And taught it thus anew to greet; / 'I hate' she altered with an end, / That followed it as gentle day, /Doth follow night, who like a fiend / From heaven to hell is flown away. / 'I hate', from hate away she threw,/ And saved my life, saying— 'not you'.* (Sonnet 145)

38 De repente/ Eu não sou metade do homem que costumava ser/ Existe uma sombra pairando sobre mim/ Oh, o ontem veio de repente.

Os Beatles não conseguiam mais ser apenas os bons-moços de Liverpool.

Nesse *long play*, lançam "Ticket to Ride", canção diferente em muitos sentidos. Para começar, o título fazia referência ao certificado exigido às prostitutas de Hamburgo para provar que se encontravam livres de doenças sexualmente transmissíveis. Entretanto, o mais extraordinário era a própria faixa. Uma banda de rock jamais havia gravado uma música assim, com um som tão pesado. Os Beatles estavam mudando — e carregavam com eles toda a juventude.

Help! foi também o título do segundo filme do quarteto. Na época, o grupo era assustadoramente famoso. A película foi lançada em julho de 1965. A história era ingênua: Ringo havia inadvertidamente adquirido um anel sagrado, o que fazia dele alvo de uma seita secreta, que desejava sacrificá-lo. Assim como no filme *A Hard Day's Night*, tudo girava ao redor das músicas. Os Beatles não gostaram do resultado e reclamaram, com alguma razão, por parecerem figurantes em seu próprio filme.

Na época, Paul namorava a atriz Jane Asher. Jane foi a musa de diversas canções dos Beatles, e sua carreira, em grande parte, era dedicada a interpretar Shakespeare; chegou a fazer algum sucesso como Julieta. O jovem namorado, então, sofre um baque quando Jane, em outubro de 1965, logo após o lançamento de *Help!*, decide juntar-se ao tradicional grupo teatral Bristol Old Vic Company. Jane deixaria a Londres onde vivia com Paul.

"Yesterday", que fala do amadurecimento de uma relação amorosa, foi composta por Paul para uma atriz shakespeariana.

Enquanto os Beatles tornaram clássica a referência ao "ontem" — a letra da famosa música termina dizendo: *"I believe in yesterday"* —, Shakespeare, em *Macbeth*, tem a mais forte menção, possivelmente em toda literatura universal, ao "amanhã". Em "Yesterday", Paul canta a mulher que o deixara e cuja falta

PAUL E JANE ASHER

faz com que ele queira apenas viver no passado. Já no solilóquio de *Macbeth*, o protagonista acaba de saber que sua mulher, Lady Macbeth, morrera — e, assim, também o deixara. Porém Shakespeare mira o futuro, dominado pelo olhar depressivo de um mundo sem o objeto de seu amor. Talvez Macbeth, naquele momento, já não fosse mais capaz de amar.

> Ela só devia morrer mais tarde;
> Haveria um momento para isso.
> Amanhã, e amanhã, e ainda amanhã
> Arrastam nesse passo o dia a dia
> Até o fim do tempo prenotado.
> E todo ontem conduziu os tolos

À via em pó da morte. Apaga, vela!
A vida é só uma sombra: um mau ator
Que grita e se debate pelo palco,
Depois é esquecido; é uma história
Narrada por um idiota, cheia de som e fúria,
Sem querer dizer nada.[39]

Em 1599, a rainha Elizabeth I, depois de um longo e exitoso reinado de mais de quarenta anos, encontrava-se fisicamente decadente; estava bem idosa, desdentada e com acintosos sinais de senilidade. Não sem razão, esse ocaso da rainha marcou também o fim das peças históricas shakespearianas.

Após encerrar a elaboração de uma série de peças do gênero, o dramaturgo se sente livre para explorar o tema político de forma mais aberta e lança, em 1599, *Júlio César*. (Shakespeare, a rigor, ainda auxiliaria um jovem dramaturgo, John Fletcher, em 1613, quando da composição de *Henrique VIII*, sua última obra relativa aos reis ingleses.)

Escolhe valer-se da Roma antiga como cenário. Mais especificamente, de um momento peculiar da história romana, que antecedera o fim da república, quando Roma estava prestes a se tornar um império. A república, é claro, representava um ambiente de mais liberdade, mormente se comparado ao império. Assim, Shakespeare abordava os fatos políticos que precederam a tirania.

---

39 *She should have died hereafter;/ There would have been a time for such a word./ To-morrow, and to-morrow, and to-morrow,/ Creeps in this petty pace from day to day/ To the last syllable of recorded time,/ And all our yesterdays have lighted fools/ The way to dusty death. Out, out, brief candle!/ Life's but a walking shadow, a poor player/ That struts and frets his hour upon the stage/ And then is heard no more: it is a tale/ Told by an idiot, full of sound and fury,/ Signifying nothing.* (*The Tragedy of Macbeth*, act V, scene 5)

Costuma-se dizer que Shakespeare, com *Júlio César*, cruza o Rubicão — da mesma forma como o famoso general romano cruzara o riacho nas cercanias de Roma para demonstrar que não respeitava as regras.

Júlio César narra uma tragédia política em que até o povo de Roma aparece como personagem. Brutus, homem correto e munido de boas intenções, participa de uma conspiração para assassinar o grande líder e general Júlio César, a quem ele amava. Num ato consciente, ele decide aderir à conspiração por temer que Júlio César se transforme num tirano. Deve-se eliminar, pensa Brutus, o "ovo da serpente" — em outra pérola colhida do cânone. Morto César, Brutus percebe que se pode eliminar o homem, mas jamais o mito. Embora César seja assassinado no segundo ato da peça, sua figura permanece presente até o final do drama.

Bem vistas as coisas, *Júlio César* é a tragédia de Brutus: um homem honesto, muito próximo do grande general Júlio César. É convencido por um grupo de conspiradores de que César planeja se transformar num ditador, pondo fim à república. Embora fraterno amigo do morto, ele vence um conflito interno — no qual se contrapõem o amor ao amigo e o amor à liberdade — e participa do movimento para assassinar o general.

As músicas de *Help!* tratam também da inquietação da alma. Brutus poderia cantar "You've Got to Hide Your Love Away". Afinal, embora em conflito, ele teve de esconder seus sentimentos.

Todavia, ainda que os conspiradores levassem seu plano adiante, César era adorado pelo povo. Os rebeldes não conseguem tomar o poder. Brutus, ao fim, se suicida.

Help! é *Júlio César*. Resplandece a virada na carreira do artista. Shakespeare se liberta da forma como se tratavam os temas políticos nas chamadas peças históricas, passando a abordar esses assuntos de modo mais livre, pois escolhe um enredo

MARLON BRANDO EM *JÚLIO CÉSAR* (1953)

que melhor se adaptava ao tema de que desejava tratar. Da mesma forma, os Beatles se sentem à vontade para externar suas emoções por outros meios.

Em *Muito barulho por nada*, peça que Shakespeare elabora em 1598, um ano antes de *Júlio César*, cuida-se, entre outros, de um tema demasiado humano: o de que, comumente, apenas damos valor às coisas depois que as perdemos. O mesmo mote volta em *Muito barulho por nada* e em *Conto de inverno*.

O Cláudio de *Muito barulho por nada* despreza e insulta Hero, sua noiva, por um motivo fútil e falso: ela lhe seria infiel. Cláudio não possui a correta interpretação dos fatos — é facilmente enganado pelo vilão da história —, daí seu erro. Hero, por conta disso, teve sua reputação maculada. Seus amigos passam a dizer que ela morreu, mas se trata, assim como no caso de Julieta Capuleto, de uma morte forjada, num plano levado adiante apenas no intuito de ganhar tempo para que os mal-entendidos sejam esclarecidos. Apenas então, quando acredita que Hero faleceu, Cláudio percebe seu equívoco.

[...] Pois as coisas são assim:
Jamais estimamos o preço do bem que gozamos;
Mas, se vem a nos faltar ou se o perdemos, lhe exageramos o valor;
Então lhe descobrimos o mérito,
Que não queria nos mostrar enquanto nos pertencia.[40]

A mesma coisa vai se dar com Cláudio.
Uma das belas canções de *Help!* é "You're Gonna Lose that Girl":

You're gonna lose that girl.
(Yes, Yes, You're gonna lose that girl)
You're gonna lose that girl.
(Yes, Yes, You're gonna lose that girl)

If you don't treat her right, my friend,
You're gonna find her gone,
(You're gonna find her gone)

---

40   [...] *That what we have we prize not to the worth/ Whiles we enjoy it, but being lack'd and lost, Why, then we rack the value, then we find/ The virtue that possession would not show us/ Whiles it was ours/ So will it fare with Claudio.* (Much Ado About Nothing, act IV, scene I)

'Cause I will treat her right, and then
You'll be the lonely one.
(You're not the only one)[41]

Dessa forma, Lennon e McCartney — assim como Shakespeare fizera em *Muito barulho por nada* — nos alertaram de que não devemos menosprezar o que temos.

---

41 Você vai perder aquela garota/ (Sim, sim, você vai perder aquela garota) / Você vai perder aquela garota/ (Sim, sim, você vai perder aquela garota) / Se você não a tratar direito, meu amigo/ Você a encontrará partindo/ (Você a encontrará partindo)/ Porque eu vou tratá-la direito/ E você ficará sozinho/ (Você não é o único).

MELANCOLIA

ATO III: MELANCOLIA

*Se a música alimenta o amor, tocai,
Dai-ma em excesso para que, saciado,
O apetite se esgote e morra, enfim.
A mesma frase! Que compasso triste!
Ao meu ouvido chega com o som doce
Que sopra sobre um campo de violetas,
Roubando e dando odor. Agora basta!
Já não é mais tão doce quanto antes.*

– *Noite de Reis*, Ato I, cena 1[42]

Em 1600, Shakespeare apresenta a comédia *Como gostais* — em inglês, *As You Like It*. O enredo, aparentemente singelo, encontra-se carregado de mensagens e interpretações. Em suma, conta-se a história de Rosalinda, filha de um duque usurpado que foge para uma floresta — escapa da vida da corte para um ambiente bucólico. Lá, disfarçada de homem — sob o falso nome de Ganimedes —, Rosalinda se aproxima de Orlando, por quem já

---

42 *If music be the food of love, play on;/ Give me excess of it, that, surfeiting,/ The appetite may sicken, and so die./ That strain again! it had a dying fall:/ O, it came o'er my ear like the sweet sound,/ That breathes upon a bank of violets,/ Stealing and giving odour! Enough; no more:/ 'Tis not so sweet now as it was before.* (Twelfth Night, act I, scene 1)

era apaixonada. Ensina-o, ali, a seduzir uma mulher. Ao fim, seu disfarce é revelado e ela se casa com Orlando, que já sentia atração por ela quando ainda acreditava tratar-se de um homem.

Há, nessa divertida peça, um personagem destoante: Jaques. Um homem amargo, seco e crítico. Uma personificação da melancolia.

Eis o trecho da conversa ocorrida no começo do ato IV:

ROSALINDA: Dizem que o senhor é um sujeito melancólico.
JAQUES: E sou mesmo. Acho melhor do que andar rindo.
[...] Não tenho a melancolia do erudito, que vem da concorrência, nem a do músico, que é fantasiosa; nem a do cortesão, que vem do orgulho; nem a do soldado, que vem da ambição; nem a do jurista, que é política; nem a da dama, que é de refinamento afetado; nem a do amante, que tem um pouco de todas; a minha, porém, é só minha, composta de muitos ingredientes, extraída de muitos objetos, e de fato das variadas contemplações de minhas viagens, nas quais fico ruminando até ficar envolvido pela mais caprichosa tristeza.[43]

Shakespeare revela sua angústia na fala de Jaques, que poderia ser creditada a alguns fatores. Em primeiro lugar, o Bardo perdeu seu único filho homem em 1596, em virtude de uma morte prematura. Seu pai morreu em 1601. Além disso, o dramaturgo vivia pressionado para escrever novas peças, uma vez que disso dependia a vida de sua companhia teatral. Some-se

---

43   Rosalind: They say you are a melancholy fellow./ Jaques: I am so; I do love it better than laughing. [...]/ I have neither the scholar's melancholy, which is emulation; nor the musician's, which is fantastical; nor the courtier's, which is proud; nor the soldier's, which is ambitious; nor the lawyer's, which is politic; nor the lady's, which is nice; nor the lover's, which is all these: but it is a melancholy of mine own, compounded of many simples, extracted from many objects, and indeed the sundry's contemplation of my travels; in which my often rumination wraps me in a most humorous sadness. (As You Like It, act IV, scene I)

a isso o fato de ele passar a maior parte do tempo longe da família. Possivelmente, tinha uma relação fria com a mulher, que ficara em Stratford e com quem se casara precipitadamente, ainda muito jovem. Mas isso, é claro, não passa de especulação. Shakespeare, como grande gênio que era, não precisava experimentar um sentimento para retratá-lo. Como disse Fernando Pessoa: "O poeta é um fingidor/ Finge tão completamente/ Que chega a fingir que é dor/ A dor que deveras sente".

Depois de *Júlio César*, de 1599, Shakespeare, que ainda fizera duas comédias — *Como gostais* e *Noite de Reis* —, parte para uma tragédia mais complexa e profunda: *Hamlet*. Sua primeira versão foi possivelmente apresentada no final de 1601. Como se disse, Shakespeare havia perdido o pai havia pouco, em setembro daquele ano. Em 1596, enterrou *Hamnet*, seu filho. É bem provável que o dramaturgo ainda sentisse essas perdas.

Há várias formas de interpretar *Hamlet*. Elas se avultam à medida que se lê ou se assiste à peça — e a cada nova vez. Nenhuma delas parece perfeita, quanto mais completa. Uma das possíveis leituras se relaciona ao que devemos fazer para honrar nossos pais, o que faz sentido inclusive por conta do momento pessoal da vida do Bardo.

Hamlet, o príncipe da Dinamarca, volta da Universidade de Wittenberg — a mesma em que Lutero iniciara o movimento protestante, em 1517 — para sua casa a fim de assistir ao funeral do seu pai. Este, o finado rei, de quem tinha o mesmo nome, morrera subitamente. Sua mãe, Gertrudes, rapidamente inicia uma relação amorosa com o tio de Hamlet, Cláudio, irmão do monarca falecido. Logo se casa com ele. Cláudio assume o poder, tornando-se rei.

Hamlet suspeita de que o tio, para ficar com a rainha e o trono, fora o responsável pela morte de seu pai. Não há certeza no início,

SARAH BERNARD COMO HAMLET

e, mesmo que houvesse, Hamlet não é um algoz. Ele busca ser um homem moderno, embora vivendo na fria e medieval Dinamarca.

Aos poucos, coleta indícios de que o tio, de fato, fora o responsável pela morte do rei. Como, então, ele deve reagir?

A peça fala da constante dúvida entre a ação e o pensamento, o agir e o não agir, o ser ou não ser.

O príncipe Hamlet embarca numa viagem introspectiva, de grandes divagações intelectuais. Cerebrino e soturno, apenas se veste de negro e tem fixação pela morte (a cena dele segurando o crânio tornou-se clichê). Hamlet é um poço de melancolia; paira sob ele uma "nuvem de tristeza". O príncipe confidencia à mãe que seu traje de luto e o peito ofegante são ações que poderiam ser representadas, enquanto a dor interna que sente supera todas essas exterioridades.

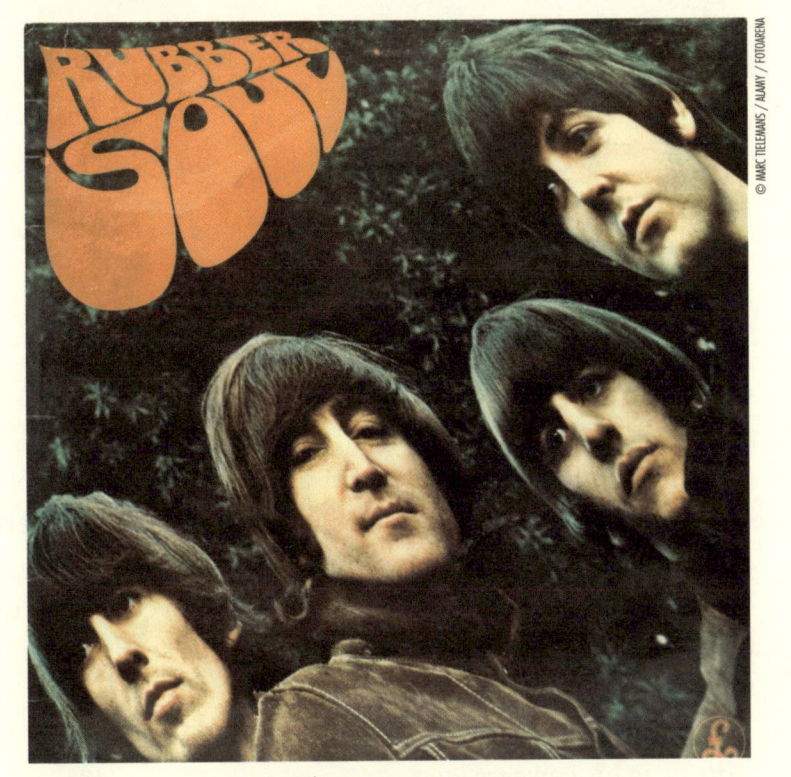

CAPA DO ÁLBUM *RUBBER SOUL*, DE 1965

Hamlet poderia ser *Rubber Soul*, LP lançado pelos Beatles no final de 1965, apenas quatro meses depois de *Help!*

LADO A
- Drive My Car
- Norwegian Wood (This Bird Has Flown)
- You Won't See Me
- Nowhere Man
- Think for Yourself
- The Word
- Michelle

LADO B
- What Goes On
- Girl
- I'm Looking Through You
- In My Life
- Wait
- If I Needed Someone
- Run for Your Life[44]

Hamlet e *Rubber Soul* carregam análoga carga melancólica e introspectiva. O príncipe da Dinamarca seria o "Nowhere Man"? E quanto a Jaques, de *Como gostais*?

John Lennon compõe "Nowhere Man" numa clara crise de autoconfiança, em que questiona a relevância de seus planos:

He's a real nowhere man
Sitting in his nowhere land
Making all his nowhere plans
For nobody [45]

Hamlet tem um envolvimento amoroso com Ofélia, a quem prometera afeto. Contudo, diante do grande turbilhão de sentimentos a que o príncipe é exposto a partir da morte do seu pai e do casamento da mãe, isola-se psicologicamente. Ele se vê forçado a investigar a possibilidade de seu tio e padrasto ter assassinado o progenitor. Estaria sua mãe envolvida no complô?

---

44   Dirigir o meu carro/ Bosque norueguês (O pássaro voou)/ Você não vai me ver mais/ Homem de lugar nenhum/ Pense por si mesma/ A palavra/ Michelle/ O que se passa, garota/ Estou olhando através de você/ Em minha vida/ Espere/ Se eu precisasse de alguém/ Corra pela sua vida.

45   Ele é um autêntico homem de lugar nenhum/ Sentado em sua terra de lugar nenhum/ Fazendo todos os seus planos inexistentes/ Para ninguém.

Hamlet se afunda em reflexões complexas. Não está claro se enlouquece ou apenas finge enlouquecer.

De um momento para o outro, o príncipe passa a rejeitar Ofélia. Poderia, pois, cantar para ela "Think for Yourself":

Do what you want to do
And go where you're going to
Think for yourself
'Cause I won't be there with you[46]

A jovem e ingênua Ofélia não compreende o que se passa na mente de Hamlet. Nessa hora, caberia declamar "What Goes On":

What goes on in your heart?
What goes on in your mind?
You are tearing me apart
When you treat me so unkind
What goes on in your mind?[47]

Ou outra canção de *Rubber Soul*: "I'm Looking Through You".

I'm looking through you, where did you go?
I thought I knew you, what did I know?
You don't look different, but you have changed
I'm looking through you, you're not the same[48]

---

46 Faça o que você quiser fazer/ E vá aonde quiser ir/ Pense por si mesma/ Pois eu não estarei lá com você.

47 O que se passa em seu coração?/ O que se passa em sua mente?/ Você está me destruindo/ Quando você me trata tão mal/ O que se passa em sua mente?.

48 Estou olhando através de você, aonde você foi?/ Achava que te conhecia, o que eu sabia?/ Você não parece diferente, mas você mudou/ Estou olhando através de você, você não é a mesma.

Ofélia poderia cantar para o doce príncipe da Dinamarca, ainda, "You Won't See Me".

*And I will lose my mind
If you won't see me*[49]

Em *Hamlet*, Ofélia entoa uma canção: "How should I your true love know" — isto é, como poderei conhecer seu verdadeiro amor? Eis um típico título de uma possível composição da dupla Lennon e McCartney.

Com o abandono de Hamlet, a morte do pai e a ausência do irmão, Ofélia enlouquece e possivelmente se suicida.

Em *Rubber Soul*, os Beatles se sentem confortáveis para experimentar. Há um surpreendente solo de piano barroco em "In my Life". Nesse álbum, George Harrison se aventura na cítara, o alaúde indiano, com que introduz "Norwegian Wood". Não havia mais fronteiras.

Logo após *Hamlet*, Shakespeare apresenta, em 1602, a sua mais ácida peça: *Troilo e Créssida*. Trata-se de um poço de mágoa e desilusão. Não há nenhum personagem com firmeza de caráter. A desalentada "Norwegian Wood", de *Rubber Soul*, lhe serviria de trilha sonora.

Troilo e Créssida, como possivelmente a mais pessimista e depressiva das obras do cânone shakespeariano, chega em momento semelhante, no caminho do dramaturgo, àquele em que aparece o disco *Revolver* para os Beatles.

O próprio nome do álbum já diz muito. Em português, seria "revolvedor", algo que fica circulando e agitando, mas funciona, também, como a alusão à arma.

---

49 E eu vou perder a cabeça/ Se você não me vir mais.

CAPA DO ÁLBUM *REVOLVER*, DE 1966

LADO A
- Taxman
- Eleanor Rigby
- I'm Only Sleeping
- Love You To
- Here, There and Everywhere
- Yellow Submarine
- She Said She Said

LADO B
- Good Day Sunshine
- And Your Bird Can Sing
- For No One

- Doctor Robert
- I Want to Tell You
- Got to Get You into My Life
- Tomorrow Never Knows[50]

Revolver é um complexo. Nele, encontram-se as mais variadas influências e diferentes estilos. Para muitos, trata-se da primeira obra de rock progressivo. George Harrison apresenta no álbum três composições, demonstrando que ganhava mais respeito de Lennon e Paul.

Shakespeare, para elaborar *Troilo e Créssida*, tomou por base uma lenda antiga, de amantes separados pela guerra. Entretanto, o Bardo transformou o enredo original em algo mais acrimonioso, pois o vilão dos acontecimentos passa a ser a inconstância humana e a falta de firmeza.

Troilo, o mais jovem príncipe de Troia, se apaixona por Créssida, filha de um sacerdote. Ele não se preocupa com a guerra que sua cidade trava com os gregos: sua única atenção se dirige à amada. O casal faz juras recíprocas de amor, embora se possa perceber que Créssida está interessada, acima de tudo, em se relacionar com um príncipe. Contudo, na primeira oportunidade, ela, quando levada ao acampamento grego, se entrega a outro homem. Isso mesmo: Créssida não é Julieta. Está mais próxima daquela mulher narrada em "Norwegian Wood", que some de manhã.

Troilo, desesperado, vê sua amada Créssida trocando beijos lascivos com Diomedes. Ele poderia cantar "She Said She Said":

---

50 Cobrador de impostos/ Eleanor Rigby/ Estou apenas dormindo/ Amar você para/ Aqui, lá e em todo lugar/ Submarino amarelo/ Ela disse/ Bom dia, luz do sol/ E o seu pássaro canta/ Por ninguém/ Doutor Robert/ Eu quero te contar/ Preciso ter você em minha vida/ O amanhã ninguém sabe.

She said
I know what it's like to be dead
I know what it is to be sad
And she's making me feel like
I've never been born[51]

De fato, o jovem está desiludido com o amor como em "For No One", outro grande sucesso do LP *Revolver*:

No sign of love behind the tears
Cried for no one
A love that should have lasted years[52]

Há, ainda, a solidão devastadora de "Eleanor Rigby". É a forma de Shakespeare gritar: *"Ah, look at all the lonely people."*

No começo de 1966, numa despretensiosa entrevista, John declara que, naquele momento, os Beatles eram mais populares do que Jesus Cristo. A afirmação não teve maiores repercussões na Inglaterra, mas detonou, principalmente nos Estados Unidos, um clamor. Grupos conservadores denunciavam os Beatles como uma influência maléfica. Houve protestos diversos, com queimas de discos do quarteto e boicotes ao grupo. John teve de se explicar para sempre.

Shakespeare também experimentou contratempos semelhantes. Em fevereiro de 1601, sua trupe executou a peça *Ricardo II* na íntegra, violando a determinação de censurar a parte na qual retratava a destituição do rei. Nessa peça, como antes se narrou, o rei inepto é deposto, num tema extremamente deli-

---

[51] Ela disse/ Eu sei como é estar morta/ Sei como é estar triste/ E ela me fez sentir como/ Se eu nunca tivesse nascido.
[52] Nenhum sinal de amor por trás das lágrimas/ Choradas por ninguém/ Um amor que devia ter durado anos.

cado para a Rainha Elizabeth I, então já com a saúde debilitada e no final de seu reinado. Contudo, num movimento que partira de alguns nobres liderados pelo Conde de Essex — no passado, um dos favoritos da rainha —, a peça foi apresentada sem cortes. O objetivo era o de incitar a gente, demonstrando que, no passado inglês, o monarca incompetente fora destronado pelo bem da nação. Como o movimento rebelde foi descoberto, todos os integrantes da companhia teatral de Shakespeare acabaram por ser levados pelos guardas da rainha, sendo liberados depois de um interrogatório (os líderes da conspiração, contudo, acabaram executados). Shakespeare, o autor da peça parcialmente censurada, teve, assim como John séculos depois, que se explicar.

Em agosto de 1966, os Beatles fazem seu último *show*, no Candlestick Park, em São Francisco. Há no grupo a percepção de que aquela seria sua derradeira apresentação ao vivo. Eles desejavam experimentar musicalmente e estavam exaustos da rotina de viagens. A partir de então, suas obras seriam mais complexas, cheias de recursos de estúdio que, na época, não se poderiam reproduzir no palco.

Na trajetória de Shakespeare, *Troilo e Créssida* pode ser qualificada como uma "peça-problema", pois não se consegue, com precisão, fazer seu enquadramento como tragédia ou comédia. Além dela, merecem também essa qualificação *Medida por medida* e *Tudo bem quando bem termina*. Todas surgem entre 1603 e 1605.

Embora não haja mortes ao final delas, essas "peças-problema" despertam no espectador certa sensação de desconforto, que não se aplaca mesmo com um peculiar final feliz. Há algo muito errado.

Medida por medida se coloca claramente como uma crítica ao puritanismo, movimento então crescente na Inglaterra. Na peça, o puritano Ângelo, que se pinta como honestíssimo, revela-se corrompível quando passa a deter o poder. Até uma aspirante a freira, Isabella, que se considera um poço de correção, entra no jogo de desvios da lei para atingir seus objetivos. No caso dela, quer que se perdoe a pena de seu irmão Cláudio, condenado à morte (quando Cláudio de fato cometera o ilícito).

Ângelo se vale de seu cargo para reclamar favores sexuais da noviça, dizendo-lhe que apenas libertaria seu irmão se ela aceitasse ir para cama com ele.

Quer conhecer alguém? Dê a ele poder...

A primeira música de *Revolver* é "Taxman", ou seja, o homem que cobra os impostos. Na canção, esse homem se revela implacável, reclamando o pagamento de taxas sobre qualquer atividade. Ao fim de "Taxman", este adverte: *"And you're working for no one but me (taxman!)"*.

O poder cria monstros. Todas as hipocrisias são, ao fim, expostas. Quem mais se jacta de honestidade — o puritano e a noviça — são precisamente aqueles que se deixam levar pela corrupção moral.

Medida por medida. Embora não haja mortes ao fim — o que não a enquadra como tragédia —, tampouco essa obra cabe na qualificação de comédia plena. Não há risadas no seu desfecho. Antes, ela evoca reflexões profundas, tal como a difícil relação entre homem e poder. Muito mais do que apenas entreter, Shakespeare fazia sua plateia refletir.

Assim também aconteceu com *Revolver*, que não era um disco que se poderia simplesmente ouvir, entoando um paralelo "Yeah! Yeah! Yeah!". O artista instigava. A intenção? Levar seu público a uma viagem introspectiva e melancólica.

SGT. PEPPER'S LONELY HEARTS CLUB BAND

THE ALBUM, THE BEATLES AND THE WORLD IN 1967

BRIAN SOUTHALL

ATO IV: MATURIDADE

Eu quero música com o clima certo
Para quem vive do amor.

– Antônio e Cleópatra, ato II, cena 5[53]

Com a morte da rainha Elizabeth I, que não tinha herdeiros diretos, teve fim a dinastia Tudor. James (ou Jaime) Stuart, primo da falecida monarca inglesa e rei da Escócia — lá, era Jaime VI —, assumiu o trono da Inglaterra em 1603.

James gostava mais de teatro do que Elizabeth — ao menos solicitou apresentações teatrais na sua corte com muito mais frequência do que a sua antecessora. Em nove anos, Shakespeare se exibira 39 vezes para a corte da Rainha Elizabeth. Quando James assumiu, em 1603, as apresentações passaram a ser mensais.

Uma das primeiras medidas do novo rei, adotada apenas dez dias depois de se sentar no trono da Inglaterra, foi a de transformar a mais famosa companhia de teatro de Londres, até então conhecida como The Lord Chamberlain's Men, na King's Men, ou seja: "Os homens do rei". Com isso, Shakespeare e sua trupe ganharam o mais alto *status* na área do entretenimento — viraram *Grooms of the Royal Chamber*, os "Criados dos aposentos reais".

---

[53] *Give me some music; music, moody food/ Of us that trade in love.* (*The Tragedy of Antony and Cleopatra*, act II, scene 5)

PINTURA DO REI JAIME I DA INGLATERRA

Durante o reinado de James, a companhia de Shakespeare se exibiu, em média, 12 vezes por ano para a corte. Os Beatles, mais de três séculos depois, também se apresentaram para a família real inglesa. Do ponto de vista do reconhecimento artístico e social, esses artistas haviam atingido o auge.

Entre o final de 1603 e 1608, Shakespeare demonstrava completo domínio de sua arte. Fez a última de suas chamadas "peças-problema", *Tudo bem quando bem termina*, em 1604, bem como seis magistrais tragédias: *Otelo, Rei Lear, Macbeth, Antônio e Cleópatra, Tímon de Atenas* e *Coriolano*.

Na sua maturidade, portanto, o dramaturgo compõe, mais do que qualquer outro gênero, tragédias. Deixa para trás as peças históricas, feitas no início de sua carreira, as comédias ingênuas e as amargas "peças-problema", que marcaram sua trajetória, para se dedicar a contar histórias profundas e sublimes, desnudando a natureza humana.

Otelo foi mais uma quebra de paradigma. Nas tragédias anteriores — *Tito Andrônico* e *Ricardo III* —, seus grandes vilões eram, de alguma forma, marcados pela natureza, numa tradição que vinha da Idade Média. Aarão, de *Tito*, era negro (numa sociedade composta apenas de homens brancos) e Ricardo III, aleijado. Até mesmo em *O mercador de Veneza*, o "malvado" tinha uma singularidade marcante, pois era judeu (praticamente não havia judeus na Inglaterra daquele momento). Diversamente, o malvado de *Otelo*, Iago, era um homem comum, igual aos demais. Não tinha a cor escura de Aarão de *Tito Andrônico*, a deformidade física de Ricardo III ou a religião de Shylock. Iago era veneziano, como a quase totalidade dos personagens. A vítima, nessa peça, era o estrangeiro, o diferente, o mouro Otelo, cruelmente enganado por Iago, que o tortura psicologicamente.

Otelo passou a crer, a partir das hábeis insinuações do invejoso Iago, que sua mulher, a jovem e loura Desdêmona, o traía com seu imediato, Cássio. O ciúme cegou o general mouro, que já não era mais um jovem. Enlouquecido, tomado pelo "monstro de olhos verdes que se diverte com a comida que o alimenta", Otelo mata a inocente Desdêmona, por quem era apaixonado.

Otelo poderia ser *Sgt. Pepper's Lonely Hearts Club Band*, disco lançado pelos Beatles em maio de 1967. Para sua elaboração, os Fab Four ficaram isolados, durante os quatro primeiros meses de 1967, no estúdio de Abbey Road. O álbum foi considerado

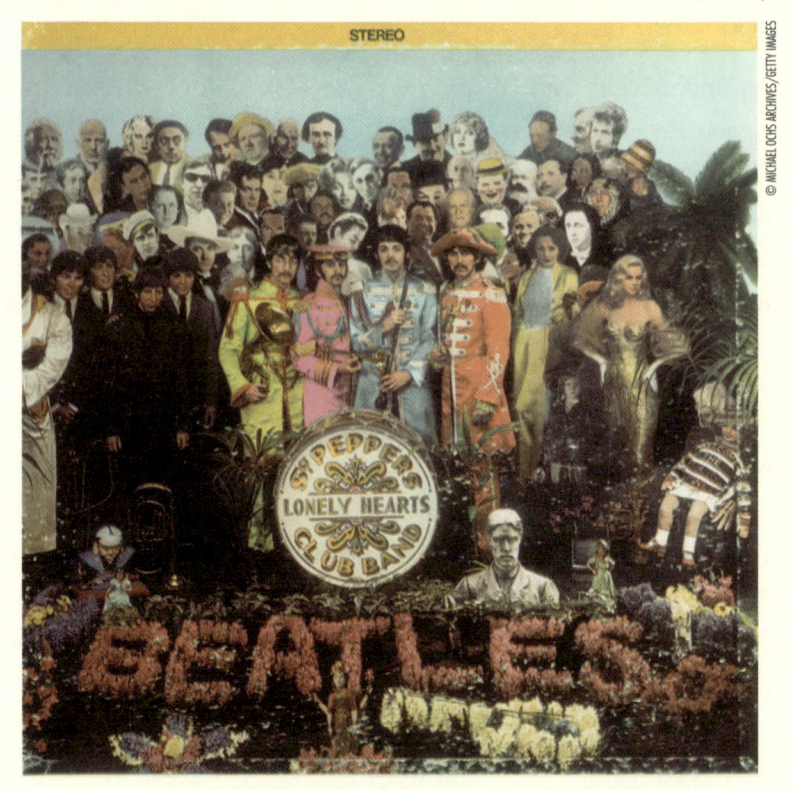

CAPA DO ÁLBUM *SGT. PEPPER'S LONELY HEARTS CLUB BAND*, DE 1967

pela revista especializada *Rolling Stone* como o melhor disco de rock de todos os tempos. Possivelmente foi o mais influente.

LADO A
- Sgt. Pepper's Lonely Hearts Club Band
- With a Little Help from My Friends
- Lucy in the Sky with Diamonds
- Getting Better
- Fixing a Hole
- She's Leaving Home
- Being for the Benefit of Mr. Kite!

LADO B
- Within You Without You
- When I'm Sixty-Four
- Lovely Rita
- Good Morning Good Morning
- Sgt. Pepper's Lonely Hearts Club Band (Reprise)
- A Day in the Life[54]

A capa do disco é, por si só, uma obra de arte. John, Paul, George e Ringo aparecem na capa de *Sgt. Pepper's* vestidos como se fossem uma banda militar, cercados de diversas figuras históricas e peculiares. Ali, entre outros, estão Edgard Allan Poe, Fred Astaire, Bob Dylan, Marilyn Monroe, Karl Marx, Sigmund Freud, Marlon Brando, Oscar Wilde, Lewis Carroll e Albert Einstein.

Sgt. Pepper's é considerado o primeiro álbum conceitual da história da música. De certa forma, as canções encontram-se interligadas. Isso foi possível porque, naquele momento, Paul passou a ser a grande referência do grupo. Compusera a grande parte das músicas desse LP — John faria apenas a curiosa "Being for the Benefit of Mr. Kite!" e parte de "A Day in the Life". Ao contrário do que ocorrera nos álbuns anteriores, foi possível então haver coerência entre as músicas gravadas.

É bem verdade que, dois meses antes do lançamento de *Sgt. Pepper's*, os Beatles lançaram um *single* com *Penny Lane*, de um lado, e *Strawberry Fields Forever*, do outro, de autoria da dupla

---

54   A banda do clube dos corações solitários do sargento Pimenta/ Com uma ajudinha dos meus amigos/ Lucy no céu com diamantes/ Melhorando/ Consertando um buraco/ Ela está indo embora/ Reconhecimento dos benefícios do sr. Kite!/ Dentro de você, sem você/ Quando eu estiver com sessenta e quatro/ Querida Rita/ Bom dia, bom dia/ A banda do clube dos corações solitários do sargento Pimenta (Reprise)/ Um dia na vida.

Lennon e McCartney. Essas canções foram gravadas nas mesmas sessões nas quais a banda fez o *Sgt. Pepper's*, mas, por razões comerciais, preferiram lançá-las avulsas (os Beatles não repetiam nos seus álbuns músicas antes vendidas como *singles*: foi assim, por exemplo, com "She Loves You", "I Wanna Hold Your Hand", "Paperback Writer" e "Lady Madonna", para citar alguns exemplos). Em ambas, especialmente em "Strawberry Fields Forever", a participação de John fora fundamental.

Em *Sgt. Pepper's*, os Beatles lançaram a ideia de que a obra pertencia a outra banda — a do Sargento Pimenta e os corações solitários. Uma banda de rock dentro de outra banda de rock. Portanto, valia-se de um recurso de metalinguagem. Curioso que Shakespeare tenha feito o mesmo. O dramaturgo brincava inserindo peças dentro de suas peças. Isso ocorre em *A megera domada*, *Sonho de uma noite de verão* e *Hamlet*. O artista, numa demonstração de amor ao seu ofício, descreve sua linguagem mediante sua própria linguagem.

Logo no início de *Otelo*, o veneziano Brabâncio reclama, desesperado, de que sua linda e jovem filha, Desdêmona, fugira de casa para viver com o mouro Otelo. A filha abandonara o pai. Repete-se esse enredo em "She's Leaving Home", música na qual Lennon e McCartney narram a história da adolescente que foge de casa. Seus pais são como o personagem de Shakespeare, que lamenta a situação por ter dado tudo à filha.

Otelo, o general mouro contratado para liderar as forças de Veneza num já instalado conflito, conta que, ao se apaixonar por Desdêmona, sua vida ganhara outro sentido. Antes, ele fora apenas um tosco guerreiro, o que caberia em "Getting Better": "*Me used to be angry young man*" ou "*I used to be cruel to my woman*". Depois que o amor demonstra seu poder transformador, tudo melhora — *gets better*. Como diz a canção: tudo melhora desde que você passou a ser minha, ou "*It's getting better since you've*

LAURENCE FISHBURNE E KENNETH BRANAGH EM *OTELO*

been mine", no original. Em outra passagem, Otelo confirma esse poder do amor, numa pungente declaração de paixão: *"But I do love thee! And when I love thee not/ Chaos is come again."*:[55] Pois eu te amo! E quando não te amo, o caos toma conta de mim."

Otelo se explica:

> Rude eu sou de fala.
> Falta-me a bênção das frases da paz,
> Pois estes braços, desde os sete anos
> Até há nove luas, só empenharam
> Suas forças agindo em campo aberto,
> E pouco deste mundo eu sei dizer
> Que não pertença a lutas e batalhas.
> E, assim, não farei bem à minha causa

---

55   *Otelo*, ato III, cena 3.

Se falo eu mesmo. Mas (se o permitirdes)
Eu farei o relato sem enfeites
Do curso deste amor — que drogas, ritos,
Que invocações e mágicas potentes
Teria usado (pois assim me acusam) —
Para ter-lhe a filha.[56]

Otelo se preocupa ainda com sua diferença de idade em relação a Desdêmona. Afinal, é bem mais velho do que a sua amada. Em *Sgt. Pepper's*, os Beatles revelam, em "When I'm Sixty-four", sua preocupação com a velhice:

When I get older losing my hair
Many years from now
Will you still be sending me a Valentine
Birthday greetings bottle of wine[57]

Otelo padece dessa insegurança. Será que a jovem Desdêmona seguirá apaixonada por ele quando for ainda mais velho? Precisamente nessas dúvidas em relação ao futuro reside sua fraqueza. Do ponto de vista sentimental, ele é por completo dependente, e o vilão Iago percebe a debilidade no general. De forma sutil, passa a incutir a ideia de que sua Desdêmona lhe é

---

56   [...] *Rude am I in my speech, / And little bless'd with the soft phrase of peace:/ For since these arms of mine had seven years' pith, / Till now some nine moons wasted, they have used/ Their dearest action in the tented field, / And little of this great world can I speak, / More than pertains to feats of broil and battle, / And therefore little shall I grace my cause/ In speaking for myself. Yet, by your gracious patience, / I will a round unvarnish'd tale deliver/ Of my whole course of love.* (The Tragedy of Othello, Moor of Venice, act I, scene 3)

57   Quando eu ficar mais velho, perdendo meus cabelos/ Daqui a muitos anos/ Você ainda irá me mandar presentes no Dia dos Namorados/ Saudações no aniversário, garrafas de vinho?

infiel com Cássio, o belo e jovem subordinado de Otelo. Logo, o mouro é "envenenado" pelos ouvidos.

O mouro, aos poucos, é consumido pelo ciúme. Sua cor, sua idade, o fato de ser estrangeiro, sua pouca educação, tudo, enfim, o torna vulnerável. Teme que Desdêmona o abandone. Iago se vale de todas essas inseguranças para tirar a razão de Otelo, que atinge uma confusão mental parecida com a que ocorre no final de "A Day in the Life".

Otelo acaba por assassinar a inocente Desdêmona. Em seguida, compreendendo a realidade, suicida-se.

Tímon de Atenas é um trabalho incompleto de Shakespeare. O Bardo, ademais, elabora a peça em colaboração com outro dramaturgo, Thomas Middleton. Há muitos personagens sem nome, o que não era comum nos seus trabalhos: o pintor, o poeta, o joalheiro. É essencialmente um trabalho sobre desilusões e frustrações. Logo, é muito significativo que a obra jamais tenha sido propriamente concluída.

Sustenta-se que, em *Tímon de Atenas*, Shakespeare presta uma homenagem ao pai. John Shakespeare, progenitor do dramaturgo, chegara a ocupar posição de destaque na pequena sociedade de Stratford-upon-Avon. Entretanto, por motivos discutidos até hoje, John Shakespeare perdeu todo o seu prestígio. A tese mais plausível é a de que fora pego sonegando impostos num ilícito comércio de lã. Sofreu sanções. Ficou endividado. Isolou-se socialmente até a morte.

Tímon de Atenas conta a história de um homem pródigo, um mecenas, cercado de falsos amigos e aproveitadores. Quando acaba a fortuna, toda a *entourage* desaparece. Tímon fica sozinho e foge, afundado em amargura, para viver como eremita.

Como contraponto a *Tímon de Atenas*, poderíamos ouvir "With a Little Help from my Friends". Nessa canção, cantada não por acaso pelo baterista Ringo, cuja voz nada tinha de especial, fala-se da importância das verdadeiras amizades. Logo no começo, Ringo diz:

*Lend me your ears and I'll sing you a song
And I'll try not to sing out of key*[58]

"*Lend me your years*" é o trecho de uma das mais conhecidas passagens shakespearianas, retirado do icônico discurso de Marco Antônio em *Júlio César*: "*Friends, Romans, countrymen, lend me your ears*".[59] Dessa forma, tanto o Bardo como os Fab Four pedem a atenção.

Há, ainda, algo de "She's Leaving Home" quando Tímon abandona seu mundo. A canção conta, como se disse, a história real de uma menina que foge de casa.

Paul, nessa época, ainda namorava a atriz Jane Asher. Em abril de 1967, logo após encerrar as gravações de *Sgt. Pepper's*, ele viajou para os Estados Unidos a fim de encontrá-la. Jane fazia uma turnê naquele país estrelando no papel principal de *Romeu e Julieta*. Paul assistiu ao desempenho de sua namorada em Denver, no Colorado.

Nessa mesma viagem, Paul visitou São Francisco, onde se encantou com o movimento hippie e o psicodelismo. Voltou a Londres com a ideia de fazer um filme musical, com o título de *Magical Mystery Tour*.

Ao chegar a Londres, ainda em 1967, McCartney foi procurado pelo famoso diretor de cinema italiano Franco Zeffirelli com uma proposta: interpretar Romeu no filme que Zeffirelli pretendia gravar no ano seguinte. O diretor, tentando convencer o

---

58   Me empreste suas orelhas e eu cantarei uma canção para você/ E eu tentarei não cantar fora de tom.

59   Amigos, cidadãos de Roma, ouvi-me [a tradução literal é "empreste-me suas orelhas"] (ato III, cena 2)

beatle, confidenciou-lhe que Paul era, em sua opinião, a personificação perfeita de Romeu.

Paul chegou a sair uma noite com a futura Julieta de Zeffirelli, Olivia Hussey, para conhecer sua eventual parceira no filme. O baixista, entretanto, acabou recusando o papel — ele era apenas um músico, teria dito.

Com a desistência de Paul, Leonard Whiting assumiu o protagonismo no extraordinário *Romeu e Julieta* de 1968, que venceu dois Oscars e foi indicado ao prêmio de melhor filme.

Essa não foi a primeira vez que Paul — "Macca", para os íntimos — foi assediado com um projeto shakespeariano. Pouco antes, em setembro de 1966, fora convidado, pelo Teatro Nacional inglês, para compor músicas para uma versão de *Como gostais* a ser estrelada por Laurence Olivier (a quintessência dos intérpretes de Shakespeare). Paul educadamente escreveu uma carta declinando a indicação.

Em *Tudo bem quando bem termina*, a heroína Helena, perspicaz e determinada, faz de tudo para conquistar o amor de Bertram, o Conde de Roussillon. Por sua origem humilde, o conde a menospreza. Afinal, Helena não tinha sangue nobre e era filha do falecido médico da corte.

Helena, entretanto, recebe o apoio da condessa, mãe de Bertram, para o enlace. Obtém até mesmo o consentimento do rei da França. Bertram, contudo, é um tolo (ele entra na lista dos bonitões tolos do cânone shakespeariano, como Bassânio, de *O mercador de Veneza*). Para escapar do casamento, ele foge para a Itália.

Com muita inteligência e algum ardil, Helena — que integra o rol de mulheres brilhantes da galeria shakespeariana, como Pórcia, de *O mercador de Veneza*, e Beatriz, de *Muito barulho por nada* — consegue dobrar Bertram, que reconhece o valor da mulher.

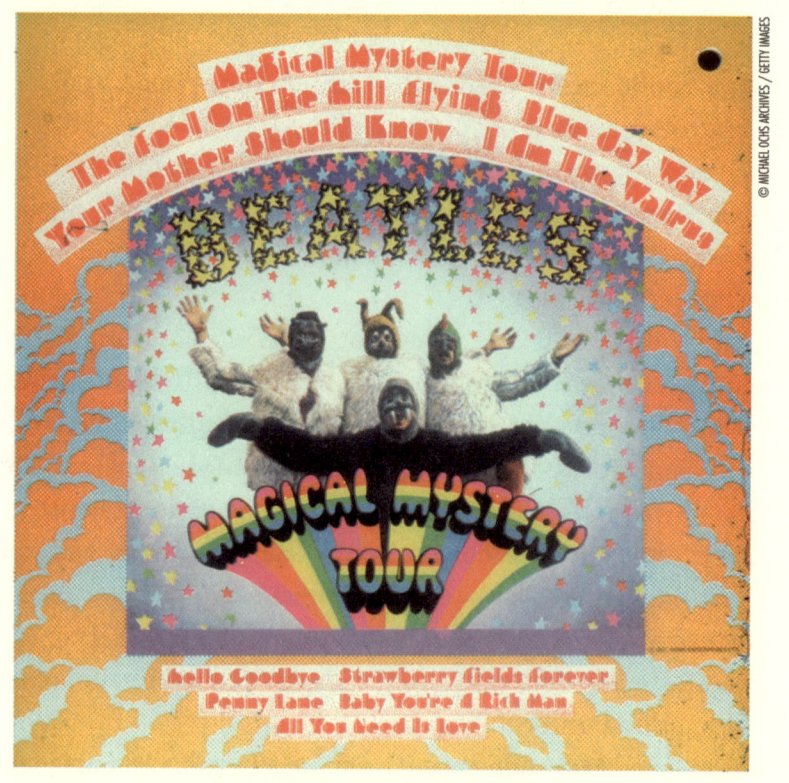

CAPA DO ÁLBUM *MAGICAL MYSTERY TOUR*, DE 1967

Tudo bem quando bem termina se emparelha com *Magical Mystery Tour*, do final de 1967.

LADO A
- Magical Mystery Tour
- The Fool on the Hill
- Flying
- Blue Jay Way
- Your Mother Should Know
- I Am the Walrus

LADO B
- Hello, Goodbye
- Strawberry Fields Forever
- Penny Lane
- Baby, You're a Rich Man
- All You Need Is Love[60]

Magical Mystery Tour partiu de um conceito curioso. Imaginou-se, para um especial de televisão, que os Beatles alugariam um ônibus e iriam passear pela Inglaterra. Nesse ônibus, haveria uma série de personagens pitorescos, como anões e mulheres extremamente gordas, além de personagens de circo. Tratava-se de um cenário felliniano — como se tudo se passasse em um sonho. A ideia seria filmar essa viagem.

O problema foi que nada aconteceu no passeio. A improvisação simplesmente não deu certo. O ônibus dos Beatles era acompanhado por um comboio de fãs e jornalistas, que engarrafavam o tráfego. Para piorar, os figurantes viviam às turras. O filme experimental, de cinquenta minutos, é uma sucessão de cenas dos Beatles cantando, sem um enredo compreensível. O filme é sofrível, mas as canções são maravilhosas.

Magical Mystery Tour traz algumas canções antes lançadas isoladamente, como "Strawberry Fields Forever", "Penny Lane" e "All You Need Is Love". Havia, no *long play*, apenas quatro músicas originais. De certa forma, tratava-se de um álbum retalhado. O público não gostou e a imprensa, menos ainda.

"I am the Walrus", uma composição psicodélica, conta com a mixagem de uma produção de *Rei Lear* pela BBC, com John

---

60 A turnê mágica e misteriosa/ O tolo na colina/ Voando/ Caminho do gaio azul/ Sua mãe deve conhecer/ Eu sou a morsa/ Olá, adeus/ Campos de morango para sempre/ Penny Lane/ Querido, você é um homem rico/ Tudo o que você precisa é de amor.

Gielgud no papel principal. Diálogos do ato IV, cena 5, da peça shakespeariana são ouvidos na gravação.⁶¹

Assemelhando-se ao *Magical Mystery Tour*, *Tudo bem quando bem termina* possui um enredo singelo, porém a genialidade do artista o transforma num clássico.

Helena, desprezada por pertencer a um nível social inferior, poderia cantar para Bertram "Baby, You're a Rich Man":

How does it feel to be
*One of the beautiful people?*⁶²

Bertram, por sua vez, cantaria para Helena "Hello, Goodbye", pois passa boa parte da peça tentando escapar dela. Enquanto Helena diz *Hello*, Bertram responde *Goodbye:*

You say yes, I say no
You say stop and I say go, go, go
Oh, no
You say goodbye and I say hello

A sensata condessa, mãe de Bertram, merecia que seu filho escutasse: "Your Mother Should Know" — outra bela faixa de *Magical Mystery Tour* na qual os Beatles pagam um tributo à geração anterior.

Em 1604, Shakespeare produz *Otelo* e *Tudo bem quando bem termina*. Os Beatles, em 1967, lançam *Sgt. Pepper* e *Magica*

---

61 Nessa linha psicodélica, o grupo de rock Pink Floyd lança, em 1967, o álbum *The Piper at the Gates of Dawn*. Nele, a canção "Astronomy Domine" faz direta alusão a Shakespeare, com personagens de *Sonhos de uma noite de verão*: "*Floating down, the sound resounds/ Around the icy waters underground/ Jupiter and Saturn, Oberon, Miranda and Titania/ Neptune, Titan, stars can frighten*".
62 Qual é a sensação de ser/ uma das pessoas bonitas?

Mystery Tour. Os anos nos quais, respectivamente, esses artistas atingem a maturidade.

Possivelmente, um dos personagens mais enigmáticos de todo o cânone shakespeariano seja Iago, o arquivilão psicológico e manipulador de *Otelo*. Logo na primeira cena do primeiro ato, Iago diz: "não sou o que sou" — "I am not what I am", no original. Evidentemente, o significado dessa declaração merece a mais profunda reflexão.

Também na esfíngica "I Am the Walrus", faixa de *Magical Mystery Tour*, John começa cantando: "I am he as you are he as you are me/ And we are all together", que pode ser traduzido como "Eu sou ele como você é ele como você sou eu/ E nós estamos todos juntos."

O que somos, afinal? Esses gênios nos faziam essa pergunta.

Assim como os Beatles tiveram experiência com a representação cênica, Shakespeare adorava a música e fazia dela parte de suas obras. Ao menos 32 das peças do Bardo possuem alguma referência musical — sempre de forma positiva, não raro como se fosse um encantamento. Pode-se recordar *Medida por medida*:

É bom [a música], embora o encantamento do som
Faça do mau, bom, e pode do bem trazer o mal.[63]

Ofélia, de *Hamlet*, e Desdêmona, de *Otelo*, por exemplo, cantam em passagens marcantes de seus papéis. Em contrapartida, Shakespeare deixa claro que Malvólio, o personagem puritano de *Noite de Reis*, não aprecia música. Malvólio repreende a cantoria:

---

63 Tis good; though music oft hath such a charm/ To make bad good, and good provoke to harm. (*Measure for Measure*, act IV, scene I)

OS BEATLES COM MAHARISHI MAHESH YOGI

Fazem uma taverna da casa da minha senhora, para guincharem seus cantos de remendão sem tentar sequer abaixar um pouco a voz?[64]

Shakespeare fica de 1604, após *Otelo*, até 1606 sem lançar uma tragédia. Desconsidera-se, aqui, *Tímon de Atenas*, porque, como se mencionou, não foi uma obra unicamente dele, e ela sequer foi terminada.

Os Beatles, depois de *Sgt. Pepper's*, de maio de 1967, também ficaram um bom tempo sem lançar outro álbum.

---

64 *Do you make an alehouse of my lady's house, that you squeak out your coziers' catches without any mitigation or remorse of voice?* (Twelfth Night, act II, scene 3)

Em agosto de 1967, os Beatles são surpreendidos com a notícia da morte prematura de seu empresário, Brian Epstein. Ele havia tomado uma overdose de remédios para dormir. Embora aparentasse mais idade, Brian Epstein tinha apenas 32 anos. Não há dúvida de que Epstein fora fundamental para a carreira dos garotos de Liverpool. Ele se transformara numa figura paternal, que orientava o lado comercial da banda.

Com a morte de Epstein, perdia-se um importante elo.

Talvez pelo vácuo causado pela morte do empresário, aumentou, na época, o interesse do quarteto pelo guru indiano Maharishi Mahesh Yogi. Em fevereiro de 1968, os Beatles foram passar um tempo em retiro espiritual em Rishikesh, na Índia. Hospedaram-se num *ashram* luxuoso, com ar-condicionado no quarto.

Ao retornarem dessa temporada, eles haviam composto cerca de 30 músicas.

No final de 1968, um ano e meio depois de *Sgt. Pepper's*, os Fab Four oferecem ao público um disco duplo, intitulado apenas *Os Beatles*. Entretanto, o LP ficou famoso como *O álbum branco*.

LADO 1
- Back in the U.S.S.R.
- Dear Prudence
- Glass Onion
- Ob-La-Di, Ob-La-Da
- Wild Honey Pie
- The Continuing Story of Bungalow Bill
- While My Guitar Gently Weeps
- Happiness Is a Warm Gun

CAPA DO *ÁLBUM BRANCO*, DE 1968

LADO 2
- Martha My Dear
- I'm So Tired
- Blackbird
- Piggies
- Rocky Raccoon
- Don't Pass Me By
- Why Don't We Do It in the Road?
- I Will
- Julia

LADO 3
- Birthday
- Yer Blues
- Mother Nature's Son
- Everybody's Got Something to Hide Except Me and My Monkey
- Sexy Sadie
- Helter Skelter
- Long, Long, Long

LADO 4
- Revolution 1
- Honey Pie
- Savoy Truffle
- Cry Baby Cry
- Revolution 9
- Good Night[65]

Na Índia, certamente os Beatles desejavam chegar à conclusão de Lear: "Tendo a mente em paz, / O corpo é sensível."[66]

Os rapazes de Liverpool voltaram da Índia desapontados com o guru. Embora George ainda estivesse bastante envolvido com a meditação indiana, os demais ficaram desiludidos. O Maharishi teria revelado interesses mundanos, explorando co-

---

65   De volta à URSS/ Querida Prudence/ Cebola de vidro/ Ob-La-Di, Ob-La-Da/ Torta de mel selvagem/ A História de Bungalow Bill/ Enquanto minha guitarra suavemente chora/ A felicidade é uma arma quente/ Martha minha querida/ Estou tão cansado/ Pássaro negro/ Porquinhos/ Rocky Raccoon/ Não me deixe de lado/ Por que não o fazemos na estrada?/ Eu vou/ Julia/ Aniversário/ O blues do sim/ Filho da mãe natureza/ Todo mundo tem algo a esconder exceto eu e meu macaco/ Sadie Sexy/ Confusão/ Longo, longo, longo/ Revolução número 1/ Minha querida/ Trufa de Saboia/ Chore, bebê, chore/ Revolução número 9/ Boa noite.

66   *When the mind's free, The body's delicate.* (ato III, cena 2)

mercialmente a estadia dos famosos músicos em seu retiro. Segundo alguns, teria chegado a investir contra mulheres que se encontravam ali.

Conta-se que, quando os Beatles informaram ao guru que estariam voltando para Londres, ele teria indagado o motivo. John, sempre rápido e ácido, respondeu: "Se você é tão cósmico, deve saber o porquê."

"Sexy Sadie" foi composta naquele momento para o Maharishi, na qual Lennon diz que ele fez a todos de tolos. *"Sexy Sadie, what have you done / You made a fool of everyone."*

Os Beatles foram para um retiro espiritual em busca de uma viagem mística, de uma desconexão da realidade. Voltaram desenganados. Foi um percurso semelhante ao de Lear.

Rei Lear é normalmente comparada à Nona Sinfonia de Beethoven. Para muitos, cuida-se da peça perfeita. O mesmo ocorre com muitos fãs dos Beatles, que guardam especial veneração pelo *Álbum branco*.

Shakespeare fala ali da velhice. Da confusão mental. Da carência do velho pai em relação às suas três filhas. Duas delas não guardam amor genuíno pelo progenitor. Apenas uma delas, Cordélia, o ama verdadeiramente. Entretanto, Cordélia não vê claramente a carência do pai, que, por sua vez, não consegue enxergar o afeto verdadeiro, deixando-se levar pelas adulações. Senil e carente, ele acaba perdendo tudo.

A peça começa com o velho rei Lear pedindo um mapa. Bela metáfora para quem está desorientado e prestes a se perder. Ele decide dividir seu reino, a Britânia, em três partes, uma para cada uma de suas três filhas. As mais velhas, Regane e Goneril, não guardam grande apreço pelo pai. Carente, Lear pede que as filhas digam o quanto o amam. Regane e Goneril cobrem o pai de falsos elogios, manifestando uma devoção irreal. Cordélia, a filha mais nova e honesta, é mais comedida ao responder ao

REI LEAR E CORDÉLIA, DE BENJAMIN WEST (1793)

pedido, possivelmente irritada com a hipocrisia das irmãs. Lear queria ouvir os mimos de Cordélia. Não perdoa a falta de bajulação. Num ato de ira, deserda a filha caçula, que se casa com o rei francês e deixa a Britânia.

Logo, porém, Regane e Goneril revelam sua verdadeira natureza, destratando o pai. Pior: abandonam o idoso progenitor. Largado à própria sorte, Lear perambula sem rumo. Gradualmente, perde a razão. Senil, rejeitado, é acompanhado apenas de um fiel bobo da corte, que tem as tiradas mais sensatas da peça, e pelo leal Conde de Kent, que se disfarça de homem comum.

Lear vaga sem direção. É açoitado por uma tempestade, que serve de metáfora para sua absoluta confusão mental.

Regane e Goneril logo brigam entre si. Com o reino dividido, a França invade a Britânia. Cordélia, que voltara para sua terra ao lado dos franceses, reencontra seu pai. Lear, com a razão momentaneamente recuperada, se envergonha de seus erros, e Cordélia mostra doçura e compreensão. Lamentavelmente, os dois são capturados. Cordélia é morta. Lear tenta reanimá-la. Tudo em vão. O velho rei morre em seguida. O mesmo destino se abate sobre as outras duas filhas.

"Helter Skelter", uma das mais famosas faixas do *Álbum branco*, registra essa absoluta confusão. "*Look out, helter skelter, helter skelter*". *Helter skelter*, termo inglês do século XVI — cujo primeiro registro data de 1593 —, significa exatamente desordem, confusão, caos. Shakespeare se valeu do termo em 1600, na segunda parte de *Henrique IV*:

Helter-skelter, have I rode to thee,
And tidings do I bring[67]

Lear escapa da realidade para, depois, vê-la de forma mais nítida. Louco e encarcerado com a sua filha Cordélia, tem um momento de clareza ao dizer que se transformara em "espião de Deus":

[...] Anda comigo para a masmorra.
Lá cantaremos como ave na gaiola;
Quando me pedires a bênção, sou eu
Quem vai ajoelhar e te pedir perdão. Assim vamos viver,
Rezar, cantar, contar velhos contos e rir
Das borboletas douradas, e ouvir uns velhacos pobres
A falar das coisas da corte. Conversaremos com eles

---

[67] Eu vim a cavalo, feito um doido,/ Pra trazer novidades e alegrias. (ato V, cena 3)

De quem perde e de quem ganha, de quem entra e de quem sai,
E explicaremos o mistério das coisas,
Como se fôssemos espiões de Deus.[68]

Os "espiões de Deus" seriam, pois, "While my Guitar Gently Weeps":

I look from the wings
at the play you are staging
While my guitar gently weeps
As I'm sitting here
doing nothing but aging
Still my guitar gently weeps
I look at you all
See the love there that's sleeping
While my guitar gently weeps[69]

Na trama de *Rei Lear*, há uma história paralela, que espelha e interage com o drama principal do velho rei e suas filhas. O Conde de Gloucester, nobre da corte de Lear, tem dois filhos: Edgar e o bastardo Edmundo. Este, um dos grandes sociopatas da galeria de vilões de Shakespeare, engana o pai com uma carta forjada, que faz o conde acreditar que Edgar não lhe tem qualquer respeito. Gloucester bane o filho legítimo. Assim, portanto,

---

68   [...] *Come, let's away to prison:/ We two alone will sing like birds i' the cage:/ When thou dost ask me blessing, I'll kneel down,/ And ask of thee forgiveness: so we'll live,/ And pray, and sing, and tell old tales, and laugh/ At gilded butterflies, and hear poor rogues/ Talk of court news; and we'll talk with them too,/ Who loses and who wins;/ who's in, who's out;/ And take upon's the mystery of things,/ As if we were God's spies.* (*The Tragedy of King Lear*, act V, scene 3)

69   Eu olho das asas/ A peça que você está encenando/ Enquanto minha guitarra chora baixinho/ Conforme eu estou aqui sentado/ Fazendo nada além de envelhecer/ Minha guitarra ainda chora baixinho.

como na trama principal da peça, um velho nobre, Gloucester, enganado pelo filho bastardo, comete uma injustiça com quem o ama verdadeiramente.

Edmundo, o bastardo que arquitetou o plano de expulsar o irmão, acaba por se envolver amorosamente, ao mesmo tempo, com Regane e Goneril, as dissimuladas filhas de Lear. Ao menos num primeiro momento, uma não sabe da outra.

Edmundo acusa falsamente o pai de se aliar aos inimigos franceses e, assim, o Conde de Gloucester tem seus olhos arrancados. A cegueira torna-se real, e não mais apenas metafórica. Edgar, o filho leal e abandonado, passa a viver como mendigo, fingindo-se mentalmente alienado. Nessa condição, sem se identificar, encontra e passa a guiar o pai cego. Em outra belíssima metáfora, o cego é guiado pelo louco.

Tanto Cordélia quanto Edgar não mostram ressentimentos quanto aos erros de julgamento dos respectivos pais. Ambos os perdoam amorosamente.

Shakespeare revela, nesse elaborado e harmônico relacionamento das tramas, que havia dominado por completo a sua arte.

Muito diferente do que ocorreu no começo de sua carreira, Shakespeare não estava mais exclusivamente preocupado em fazer peças para agradar ao público. Ele se dava o direito de explorar temas particulares, atendendo às suas demandas interiores. O mesmo se deu com os Beatles.

Com a morte de Brian Epstein, surgiu a ideia de os Beatles terem a sua própria gravadora. Surgiu, assim, a Apple Records, que passou a ser o selo dos Fab Four a partir do *Álbum branco*. Os garotos de Liverpool passaram a ser empresários.

Em 1608, a companhia teatral de Shakespeare, que já explorava um teatro a céu aberto, o Globe, alugou outro local para suas apresentações. Este, situado no refeitório de um antigo mosteiro da Ordem Dominicana, ficava num local fechado, o

DESENHO DO TEATRO BLACKFRIARS, EM LONDRES (1921)

que permitia apresentações mesmo nos dias chuvosos e nos mais rigorosos do inverno. O teatro era conhecido como Blackfriars, numa referência aos frades dominicanos, sempre vestidos de preto — expulsos da Inglaterra em 1536. A entrada era mais cara do que a cobrada no Globe, e o espetáculo apresentado à luz de velas. Shakespeare era um dos arrendatários do teatro, aumentando seus lucros nos negócios de entretenimento.

Tanto Shakespeare como os Beatles, no mesmo momento de suas carreiras, tornaram-se, para explorar seu talento, homens de negócio.

Talvez como uma maldição, essa perigosa mistura de arte com dinheiro lhes trouxe profundo desgaste.

Na fase madura dos Beatles e de Shakespeare, o limite entre a realidade e a fantasia, a sanidade e a loucura, foi largamente explorado. Tanto *Rei Lear* como *Macbeth* são peças que examinam a passagem pela loucura para encontrar alguma forma de libertação.

"Nothing is, but what is not", diz Macbeth.[70] A tradução, nesse contexto, poderia muito bem ser: "Somente existe para mim

---

70 Ato I, cena 3.

aquilo que não existe." A realidade se dissolve e passa a ser uma experiência individual. Soa muito parecido com o tema central da canção "Strawberry Fields Forever", lançada num compacto simples em 1967:

Let me take you down
'Cause I'm going to Strawberry Fields
Nothing is real[71]

Parece sem maior importância, esquecido na história, o ano de 1606. Entretanto, nesse ano Shakespeare lança *Rei Lear* e *Macbeth*. Pouco antes, em 1605, em Madri, Miguel de Cervantes publica *Dom Quixote de La Mancha*. Todas essas obras se encontram relacionadas, pois tanto *Rei Lear* quanto *Macbeth* e *Dom Quixote* falam do encontro da verdade pelo caminho da loucura. Todas essas obras examinam a perda da consciência para ganhar a revelação. Tornaram-se referências definitivas da literatura ocidental.

Evidentemente, Cervantes e Shakespeare jamais se encontraram, nem tampouco mantiveram qualquer relação. Entretanto, no mesmo tempo, estavam pensando a mesma coisa.

Curiosamente, acredita-se que Shakespeare e Cervantes faleceram no mesmo dia: 23 de abril de 1616.[72] Por isso, esse passou a ser o dia internacional do livro.

Se 1605/1606 podem ser considerados os anos mais extraordinários da literatura, com a publicação desses monumentos —

---

[71] Me deixe te levar comigo/ Porque eu estou indo para campos de morango/ Nada é real.

[72] Essa coincidência é muito discutida. Para alguns, Cervantes faleceu na véspera e foi enterrado no dia 23 de abril de 1616. Quanto a Shakespeare... bom, quanto a ele existe um mundo de teorias acerca da data de sua morte, sendo o dia 23 de abril, contudo, a mais aceita.

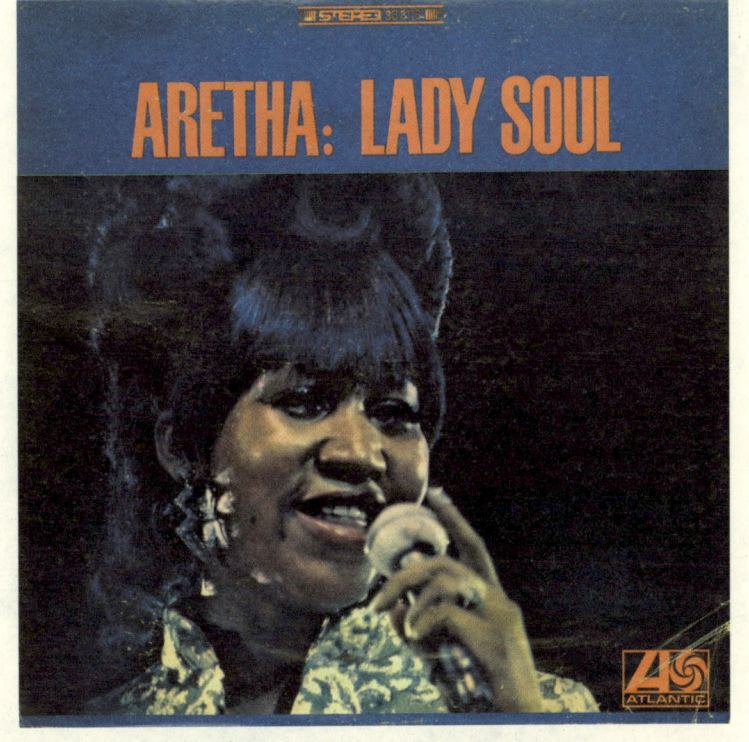

CAPA DO ÁLBUM *LADY SOUL*, DE ARETHA FRANKLIN (1968)

Dom Quixote, Rei Lear e *Macbeth* —, 1968, ano do *Álbum branco*, também concorre como o *annus mirabilis* da música pop. Além do disco dos Beatles, os Rolling Stones lançaram *Beggar's Banquet* — com a hipnotizante "Sympathy for the devil"; Jimi Hendrix apresenta *Electric Ladyland* — e a relação do ser humano com a guitarra elétrica iria mudar para sempre; Elvis Presley grava o primeiro acústico da história, o *'68 Comeback Special*; Simon & Garfunkel nos brindam com *Bookends*, com "Mrs. Robinson" e "America"; Janis Joplin arrasa com *Cheap Thrills*, com *hits* como "Summertime" — dando a essa canção de Gershwin sua versão definitiva —, e "Piece of my heart". A diva Aretha Franklin lança dois de seus melhores discos: *Lady Soul* e *Aretha Now*. Em 1968 ainda saíram os melhores discos do Cream e de Johnny Cash. Que ano!

MÁSCARA DE GUY FAWKES

Nada — ou quase nada — ocorre por acaso. Até mesmo a genialidade tem o seu porquê. O artista externa um sentimento que paira no ar.

No final de 1605, um grupo de católicos planejou explodir o parlamento inglês. Colocaram dezenas de barris de pólvora nos porões do Palácio de Westminster, a fim de detoná-los no dia 5 de novembro, na cerimônia de abertura dos trabalhos. Pretendia-se levar pelos ares boa parte da nobreza, inclusive o rei Jaime I, que certamente estaria presente no evento. O plano apenas foi desbaratado poucas horas antes de sua execução. O evento histórico ficou conhecido como a Conspiração da Pólvora.

PASSEATA DOS 100 MIL

Os articuladores da conspiração foram torturados e, finalmente, executados. Um deles, Guy Fawkes, tornou-se um símbolo de rebeldia e resistência — a ponto de sua imagem tornar-se icônica.

A insubordinação velada dominava os pensamentos.

Como registrou Zuenir Ventura em livro, 1968 foi o ano que não terminou. Eclodiu em 1968 a Primavera de Praga, quando se buscou, por meio de protestos, "humanizar" o socialismo. Houve diversas manifestações contrárias à Guerra do Vietnã. Em Paris, os estudantes formaram barricadas, confrontando policiais. No Brasil, ocorreu a passeata dos 100 mil, reivindicando a liberdade civil. Os jovens, do mundo todo, lu-

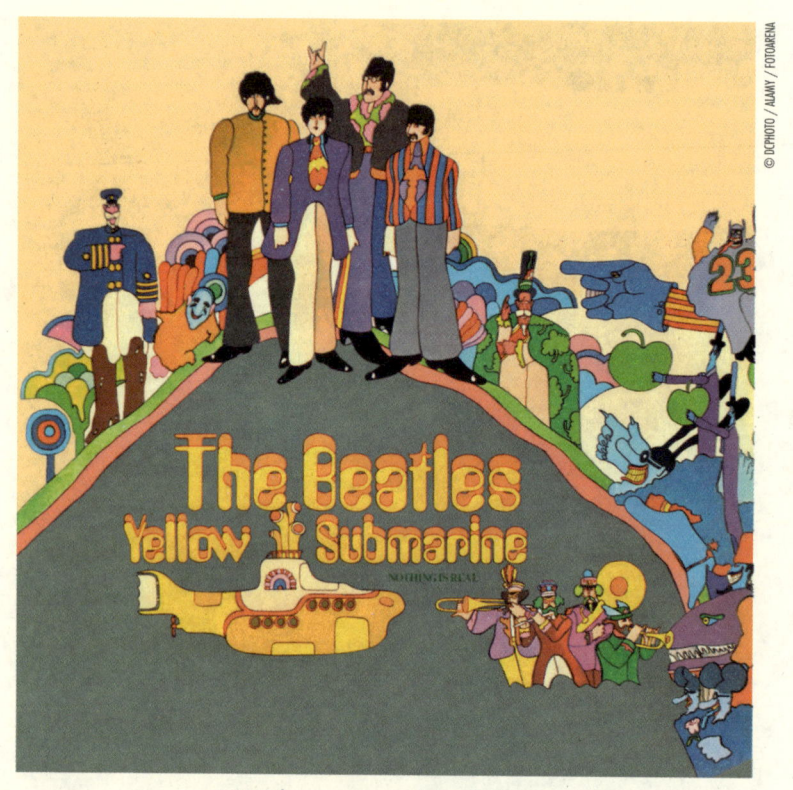

CAPA DO ÁLBUM *YELLOW SUBMARINE*, DE 1969

tavam para construir um mundo novo, no qual a opinião deles tivesse lugar.

Em 1605 e em 1968, a rebeldia estava no ar. Buscava-se a liberdade. Os gênios, com *Rei Lear*, *Macbeth* e o *Álbum branco*, tiveram a sensibilidade de transformar esse sentimento em arte.

Depois do Álbum branco, os Beatles lançam um disco, no começo de 1969, com apenas seis canções, todas do lado A. O lado B vinha com músicas puramente instrumentais, de autoria de George Martin, o produtor da banda. O disco resultava de um desenho animado, multicolorido e psicodélico: *Yellow Submarine*.

Boa parte das canções não eram originais. O próprio título, *Yellow Submarine,* vinha de uma canção que compunha o álbum *Revolver.*

LADO A
- Yellow Submarine
- Only a Northern Song
- All Together Now
- Hey Bulldog
- It's All Too Much
- All You Need Is Love

LADO B
- Pepperland
- Sea of Time
- Sea of Holes
- Sea of Monsters
- March of the Meanies
- Pepperland Laid Waste
- Yellow Submarine in Pepperland[73]

O enredo do desenho animado era infantil. Um paraíso submerso, Pepperland, em algum lugar do Mar Verde (*Sea of Green*), fora invadido pelos cruéis azulados (*blues meanies*, no original). Esses cruéis azulados não toleravam a música ou as cores. Pepperland se transformara em um local desolado. Seus habitantes foram petrificados. O jovem Fred, morador de Pepperland, consegue, entretanto, escapar. Vale-se de um sub-

---

73 Submarino amarelo/ Somente a música do norte/ Todos juntos agora/ Ei, buldogue/ É tudo demasiado/ Tudo o que você precisa é amor/ Pepperland/ Mar do tempo/ Mar de buracos/ Mar de monstros/ Março dos *meanies*/ Pepperland assolada/ Submarino amarelo na Pepperland.

GEORGE MARTIN, O PRODUTOR DOS BEATLES, DURANTE A GRAVAÇÃO DO ÁLBUM
SGT PEPPER'S LONELY HEARTS CLUB BAND, EM 1967

marino amarelo, o mesmo que fora usado pelos fundadores originais da comunidade. Fred chega até Liverpool, onde recruta os Beatles para salvar Pepperland. Com muita música e cor, os Beatles cruzam os mares e conquistam seu objetivo com uma mensagem de amor.

Em *Yellow Submarine*, tudo era exagero. Assim também em *Antônio e Cleópatra*, de Shakespeare. Ambas são as obras mais coloridas de seus autores. (Shakespeare, no futuro, elaboraria uma série de peças em que o mar goza de papel importante, notadamente *Péricles, Conto de inverno* e *A tempestade*.)

No final de *Júlio César*, de 1599, Marco Antônio surge como um grande líder político. Loquaz e corajoso, desmascara conspiradores e assume o poder. Em 1606, o personagem reaparece numa peça de Shakespeare. Agora, no entanto, está entregue à paixão por Cleópatra. Seduzido pela rainha egípcia — "a serpente do velho Nilo" — e entregue a seus afetos, ele não é sequer a sombra do homem público que fora no passado.

Com esse enredo, em 1606, Shakespeare apresenta uma tragédia que fala de excessos. *Antônio e Cleópatra* é a obra de Shakespeare com maior inquietação e amplitude geográfica. Há cenas em Roma, Sicília, Síria, Atenas, Áccio, Alexandria, além de passagens em campos militares e no mar. Da mesma forma como em *Yellow Submarine*, o oceano tem uma participação dominante na obra.

CLEÓPATRA: Se é amor realmente, revela-me quanto.
MARCO ANTÔNIO: Pobre é o amor que pode ser medido.
CLEÓPATRA: Quero saber o limite do amor que posso inspirar.
MARCO ANTÔNIO: Precisas, então, descobrir novos céus, uma nova terra.[74]

Eis como os amantes se testam e revelam-se insaciáveis. Buscam provocar um ao outro, procurando por limites inexistentes e, por isso mesmo, inatingíveis.

Antônio e Cleópatra é também a peça do cânone com o maior número de cenas. Até nisso há um exagero. Como se sabe que, em Shakespeare, nada ocorre por acaso, consegue-se perceber nessa grande quantidade um significado desejado pelo autor, que queria distinguir essa peça como uma peça de extremos, a exemplo do modo como os protagonistas conduziam suas vidas.

---

74   Cleopatra: If it be love indeed, tell me how much. / Antony: There's beggary in the love that can be reckoned./ Cleopatra: I'll set a bourn how far to be beloved./ Antony: Then must thou needs find out new heaven, new earth. (*Antony and Cleopatra*, act I, scene I)

Marco Antônio, perdido em luxúria e sofrendo uma crise de identidade (um herói envelhecia: "meus cabelos brigam entre si, pois os brancos reprovam os castanhos pela imprudência, enquanto os castanhos repudiam os brancos por sentirem paixão e medo), morre no quarto ato. Marco Antônio poderia cantar "It's All Too Much":

When I look into your eyes,
Your love is there for me
And the more I go inside,
The more there is to see

It's all too much for me to take
The love that's shining all around you
Everywhere, it's what you make
For us to take, it's all too much[75]

Quanto mais se tem, mais se quer. Ao mesmo tempo, sabe-se que é muito para se ter. Marco Antônio tem ciência de que aquela paixão o consome, tornando-se a razão de sua queda como homem público.

O quinto ato fica inteiro para Cleópatra, que se suicida de forma dramática (deixando-se picar por uma áspide). Cleópatra não consegue viver derrotada, não quer enfrentar a humilhação e tampouco consegue viver sem seu amor. Sem paixão, a vida perde o sentido.

There's nothing you can do
That can't be done

---

75   Quando eu olho nos seus olhos, seu amor está lá para mim/ E quanto mais eu entro, há mais para ver/ É demais para eu aguentar/ O amor que brilha ao seu redor/ Todo lugar é o que você faz/ É demais para nós aguentarmos.

Nothing you can sing that can't be sung
[...]
There's nothing you can make
That can't be made
No one you can save that can't be saved[76]

Assim diz a letra de "All You Need Is Love".

Na época do *Yellow Submarine*, John Lennon, embora casado, se jogou de cabeça num romance com a artista plástica de origem japonesa Yoko Ono (John a conhecera em 1967, pouco depois de Yoko ter lançado um filme conhecido como *Bottoms*: uma sucessão, por oitenta minutos, de *closes* em bundas de diversas pessoas, algumas famosas, o que fora feito, segundo a autora da obra, para promover a paz mundial. *Love, love, love.*)

Assim como Marco Antônio, John Lennon, apaixonado por uma estrangeira, colocou seu amor acima de tudo.

---

76 Não há nada que você possa fazer/ Que não possa ser terminado/ Nada que você possa cantar que não possa ser cantado/ [...]/ Não há nada que você possa fazer/ Que não possa ser feito/ Ninguém que você possa salvar que não possa ser salvo.

GET BACK • THE BEATLES

GET BA

with Don't Let Me D

and 9 oth

ATO V: DESPEDIDA

> Mas tal mágica
> Aqui renego; e quando houver pedido
> Divina música — como ora faço —
> Para alcançar meus fins pelos sentidos
> Que tal encanto toca, eu quebro a vara,
> A enfio muitas braças dentro à terra,
> E mais profundo que a mais funda sonda,
> Enterrarei meu livro.
>
> – A TEMPESTADE, ATO V, CENA 1[77]

"O gênio em ação é necessariamente pródigo; sua grandeza exige que dissipe", registrou Nietzsche.[78] A força radiante desses grandes seres humanos funciona como uma autocombustão que os exaure e consome. Uma espécie de maldição. A intensi-

---

[77] But this rough magic/ I here abjure; and, when I have requir'd/ Some heavenly music — which even now I do, —/ To work mine end upon their senses that/ This airy charm is for, I'll break my staff,/ Bury it certain fathoms in the earth,/ And, deeper than did ever plummet sound,/ I'll drown my book. (The Tempest, act V, scene I)

[78] NIETZSCHE, Friedrich. *Crepúsculo dos ídolos*, Rio de Janeiro: Nova Fronteira, 2017, p. 109.

dade e magnitude da capacidade desses seres extraordinários sela seu destino.

Apenas grandes artistas, de excepcional sensibilidade, conseguem ver sua própria carreira numa perspectiva ampla. Tanto Shakespeare quanto os Beatles tiveram a clarividência de compreender o fim do próprio ciclo.

Em 1969, já com muita fama e endinheirados, os integrantes dos Beatles queriam paz. John e Ringo tinham 28 anos; Paul, 27; e George, 26. Era uma idade amaldiçoada para aquela geração. Brian Jones (dos Rolling Stones), Jimi Hendrix, Janis Joplin e Jim Morrison morreram com 27 anos. Essa maldição depois viria a assombrar Kurt Cobain e Amy Winehouse, que também morreram com essa idade.

Paz, no caso, tinha significados diferentes para cada um dos quatro integrantes da banda. Poderia, no entanto, ser resumida no desejo de cada um trilhar individualmente caminhos próprios.

George, por exemplo, desejava ter liberdade para lançar suas canções. Faria um disco duplo em 1970: *All Things Must Pass*. Para muitos, trata-se de um dos grandes clássicos da história do rock. Em grande parte, o LP traz canções compostas por George que não foram aproveitadas pelos Beatles. Ringo, por sua vez, buscava outras experiências, inclusive a de se lançar como ator. Paul, do mesmo modo, desejava seguir uma carreira solo. Para tanto, lança um disco algo intimista, *McCartney*, em abril de 1970. Saiu antes mesmo de *Let It Be*, o último álbum dos Beatles a ser distribuído, em maio de 1970. Por fim, John acalentava muitos planos. Todos eles envolviam sua nova mulher, Yoko Ono, por quem estava perdidamente apaixonado.

Shakespeare, depois de muitos anos vivendo em Londres, longe de sua família e de sua Stratford natal, queria voltar para casa. Em 1608, Susanna, a primogênita do Bardo — que se casara com um renomado médico —, deu-lhe um neto, o que pode ter

JOHN E YOKO

motivado o seu desejo de retornar. O poeta buscava, no fim de sua trajetória artística, trabalhar com dramaturgos mais jovens, em parte para lhes ensinar o ofício, assim como para ter um sucessor na companhia teatral.

Nas suas últimas peças, Shakespeare se despede. Sua mensagem é a de que os nossos erros devem ser assimilados, digeridos, refletidos e, por fim, perdoados.

O *Conto de inverno* narra a história de dois reis amigos, Leontes e Políxenes, senhores da Sicília e da Boêmia, respectivamente. Políxenes visita o amigo, que insiste em sua permanência na corte como hóspede, mas tem o convite recusado. Contudo, quando a mulher de Leontes, Hermíone, pede que Políxenes permaneça mais tempo na Sicília, este acaba aceitando o apelo. Isso desperta em Leontes a suspeita de que exista alguma relação adulterina entre sua mulher e o amigo. Um ciúme doentio e infundado se apodera dele, que pede ao seu conselheiro que envenene o amigo. Políxenes, informado da insensatez que se apoderara do rei, deixa a Sicília às pressas. Leontes vê nisso a confirmação de suas suspeitas.

Hermíone está grávida, e Leontes a acusa de traição. Para Leontes, a criança é fruto do adultério. O bebê nasce e recebe o nome de Perdita. Leontes ordena que ela seja abandonada num lugar distante. Hermíone, que, em vão, jura inocência, morre de desgosto. O mesmo ocorre com o único filho do casal, que, ao saber do falecimento da mãe, segue igual destino.

De uma hora para outra, Leontes perde toda a família e se afunda em depressão. Era inverno. Ou, como disse Ricardo III, valendo-se da mesma imagem no monólogo que inicia a peça com seu nome: "Agora, o inverno de nosso descontentamento."

Agora, no entanto, temos um Shakespeare suavizado, em fase final, mais doce. Ele quer dar um final feliz para o drama.

Na peça, passam-se dezesseis anos dos fatos antes narrados. Perdita, na verdade, não morre. Seu algoz não consegue executá-la. Acaba sobrevivendo, ignorante de sua origem, a um naufrágio na costa da Boêmia (eis, possivelmente, o maior erro da geografia shakespeariana, pois a Boêmia, é claro, não é banhada pelo mar).

Perdita, na Boêmia, se apaixona por Florisbel, filho de Políxenes. Este, a princípio, não aceita a relação do rapaz com Perdita, por desconhecer a origem da moça. O jovem casal foge para a Sicília. A verdadeira identidade de Perdita é revelada. Leontes, consumido de remorsos pelo seu erro de julgamento, passa a viver profundamente arrependido de suas atitudes. Recebe a filha com muita alegria e todos abençoam o casamento de Perdita e Florisbel. As pazes são seladas entre Políxenes e Leontes.

Para uma felicidade ainda maior, descobre-se que Hermíone não morrera, mas ficara apenas escondida. Fingindo ser estátua, aguardara que tudo fosse esclarecido (há quem interprete a peça, contudo, no sentido de que Hermíone de fato morrera, mas para ressuscitar depois). Eis um final alegre, apenas possível na medida em que Leontes se perdoara e reconhecera suas falhas.

Pode-se ver nesse enredo algum traço biográfico. Quando escreveu *O conto de inverno*, Shakespeare estava afastado há anos de sua esposa, que permanecera em Stratford. Nesse período de distanciamento, tal como o personagem Leontes, havia perdido um filho, morto prematuramente. Leontes, amargurado e só, quis recuperar a família. Seria esse também o sentimento do dramaturgo naquele tempo?

Paul McCartney conhecia muito bem essa peça. No final de 1966, sua então namorada, Jane Asher, estrelara uma produção de *Conto de inverno* que, depois, acabou por se tornar um filme, lançado em 1968. Jane Asher desempenhara o papel de Perdita.

O álbum *Let It Be* chegou ao mercado fonográfico em maio de 1970. Foi o último disco lançado pelos Beatles. Contudo, não foi o último a ser feito. Para esse disco, o quarteto se reunira nos estúdios no começo de 1969. Gravaram *Abbey Road*, o LP derradeiro, seis meses depois. Quando *Let It Be* veio a público, os Beatles, como grupo, já haviam encerrado sua relação — o que se dera, formalmente, um mês antes.

LADO A
- Two of Us
- Dig a Pony
- Across the Universe
- I Me Mine
- Dig It
- Let It Be
- Maggie Mae

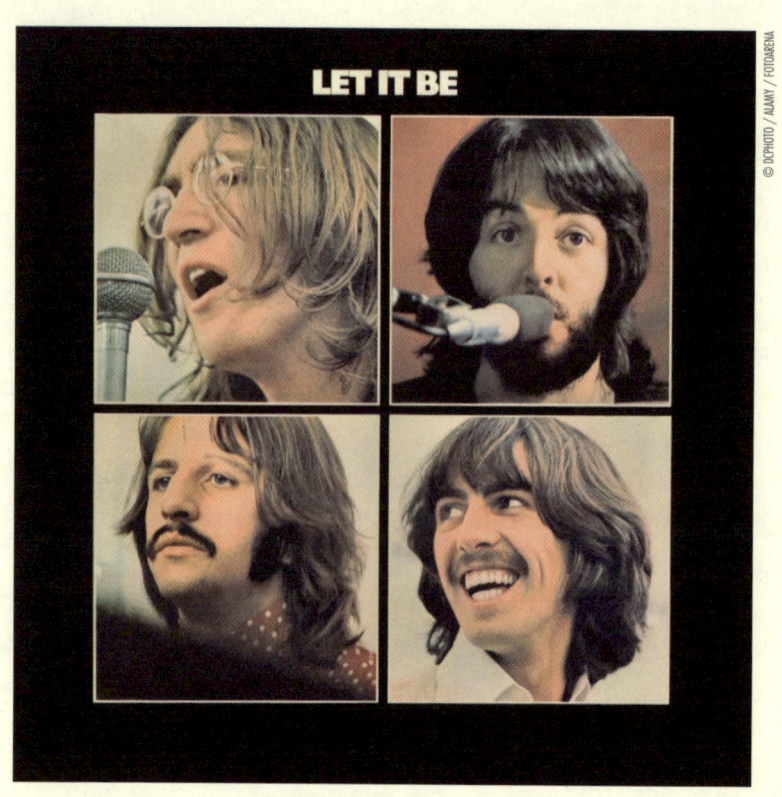

CAPA DO ÁLBUM *LET IT BE*, DE 1970

LADO B
- I've Got a Feeling
- One After 909
- The Long and Winding Road
- For You Blue
- Get Back[79]

Leontes poderia cantar "Get Back" — Volta! — para a vida que perdera. Também poderia entoar "Let It Be":

---

79   Nós dois/ Faço um brinde/ Através do universo/ Eu sou mais eu/ Sacou? Deixe estar/ Maggie Mae/ Eu tenho um sentimento/ Um depois de 909/ A Longa e sinuosa estrada/ Para a sua tristeza/ Volte.

For though they may be parted
There is still a chance that they will see
There will be an answer, let it be[80]

O aprendizado de Leontes é "The Long and Winding Road":

Many times I've been alone
And many times I've cried
Anyway you'll never know
The many ways I've tried[81]

E, quando Hermíone reaparece, depois de passado tanto tempo, Leontes deveria cantarolar outro trecho:

You left me standing here
A long long time ago
Don't leave me waiting here
Lead me to your door[82]

Já na época em que gravaram *Let It Be*, cada um dos Beatles mostrava claramente sinais de que iriam seguir seu próprio caminho.

Paul compôs o clássico "Hey Jude" em homenagem ao filho de Lennon, Julian, que ficara perdido em meio à confusão da separação do pai. Tamanha era a idolatria de John pela sua nova

---

80 Pois embora possam estar separados/ Eles verão que ainda há uma chance/ Haverá uma resposta, Deixe estar.

81 Muitas vezes eu fiquei sozinho/ E muitas vezes eu chorei/ De qualquer forma você nunca saberá/ O quanto eu tentei.

82 Você me deixou esperando aqui/ Há muito tempo/ Não me deixe aqui esperando/ Guie-me até a sua porta.

CAPA DO BOOTLEG *GET BACK*, NUNCA OFICIALMENTE LANÇADO

mulher que ele a levava para os ensaios da banda, gerando enorme mal-estar.

Paul também havia encontrado um novo amor: a fotógrafa americana Linda Eastman. Foi outra paixão fulminante, que serviu de fonte para "Two of Us", mais uma bela canção do álbum *Let It Be*. Paul rompeu com Jane Asher, sua namorada shakespeariana, para em seguida se casar com Linda.

George seguia brigando por espaço. Esmagado pela força da dupla Lennon-McCartney, insistia em gravar suas composições. Além disso, o guitarrista havia desenvolvido especial interesse pela música indiana, o qual não era compartilhado, na mesma intensidade, pelos demais membros da banda.

PAUL E LINDA MCCARTNEY

    Por fim, Ringo também reclamava por ser desconsiderado e pouco participar da elaboração das canções. Falava-se até que ele passava boa parte do tempo das gravações jogando xadrez, enquanto os demais lapidavam as canções. Como se diz no meio: há os músicos e os bateristas — coisas diferentes.

    Todos já estavam ricos. Queriam decidir sozinhos seus destinos.

    Os fãs notaram esse ocaso. Talvez isso explique a "lenda urbana" que passou a circular em meados de 1969: Paul McCartney, propagava-se, havia morrido num suposto acidente de carro em 9 de novembro de 1966. Eis por que os Beatles teriam deixado de fazer apresentações públicas a partir daquela época. Segundo o rumor, para não revelar a morte de Paul, havia-se contratado um tal William Campbell, vencedor do concurso escocês de sósias dos Beatles. Muito parecido com Paul, seria ele quem, depois de algumas cirurgias plásticas, apareceria nas fotos.

Curiosamente, a lenda ganhou corpo. Encontravam-se evidências que comprovariam a veracidade da história. Para começar, sustentava-se que a capa do disco *Sgt. Pepper's* seria o funeral de Paul, no qual um grupo de pessoas prestava homenagem ao baixo do falecido, cercado de flores na foto da capa do álbum, como se fosse seu enterro. Nessa mesma capa, há uma mão benzendo a cabeça do baixista, num sinal de que ele havia, de fato, falecido.

As músicas "Within or Without You" e "A Day in the Life" se relacionariam, também, à suposta morte de Paul. Na contracapa de *Sgt. Pepper's,* Paul misteriosamente é o único que se encontra de costas, enquanto todos os demais integrantes olham para a câmera.

Alegava-se, ainda, que Paul seria a morsa na cena gravada para *Magical Mystery Tour* — e que a morsa seria um símbolo da morte. Além disso, na foto da contracapa do disco, todos os Beatles apresentam cravos vermelhos na lapela, diversamente de Paul, que usa um cravo negro.

Dizia-se, ainda, que a capa de *Abbey Road*, em que os quatro apareciam cruzando a rua em fila, continha diversas pistas dessa morte. John, de barba, o primeiro a atravessar a rua, vestindo um terno branco, seria o padre. Depois há Ringo, de negro, a representar a morte. Paul, de camisa branca, era o terceiro da fila, descalço, como deveria ser enterrado. Por fim, George aparecia de jeans, muito informal, como se fosse um coveiro (houve quem achasse que a roupa de George parecia o uniforme de um presidiário). Além disso, os fãs mais atentos perceberam que Paul segurava um cigarro com a mão direita, embora fosse canhoto, o que seria um sinal de que a pessoa na foto era o tal sósia. Há, ainda, uma gíria inglesa que se refere ao cigarro como sendo um *coffin nail*, ou seja, o prego do caixão. Por fim, o Fusca estacionado ao lado — Fusca, em inglês, é conhecido como *Beetle* (besouro) — tinha a placa "IF 28", ou seja, "se 28", o que foi compreendido como: "se" Paul estivesse vivo, teria "28" anos. Apurou-se, depois, que foi puro acaso haver um Fusca estacionado no local naquele dia.

Por mais surpreendente que seja, essa lenda ganhou força a ponto de obrigar a gravadora e o próprio Paul a desmentirem o boato.

Ainda sobre esse tema, John, logo após o fim dos Beatles, destila fel sobre Paul na canção "How Do You Sleep", incluída no disco solo *Imagine*, de 1971. Na letra, além de dizer que "a única coisa que você fez foi 'Yesterday'", o amargo John alfineta: *"Those freaks was right when they said you was dead"* — ou seja: "Aqueles malucos estavam certos em dizer que você morreu." Os episódios, reais ou fictícios, para esses artistas sempre recebiam um tratamento carregado de metáforas.

Assim como Shakespeare, no final de sua carreira, passou a compor algumas de suas peças com a ajuda de outros dramaturgos — Thomas Middleton (1580–1627), em *Tímon de Atenas*; George Wilkins (1576-1618), em *Péricles;* e John Fletcher (1579–1625), em *Henrique VIII* e *Os dois nobres primos* —, os Beatles passaram a se valer de outros músicos em suas gravações. O pianista americano Billy Preston participou ativamente das sessões de estúdio de *Let It Be*, e seu teclado pode ser ouvido em "Something", de *Abbey Road*. Já o icônico guitarrista Eric Clapton fez o solo de "While My Guitar Gently Weeps", do *Álbum branco*.

Naquele momento de suas carreiras, talvez os quatro artistas quisessem colher outras referências, num possível reconhecimento, de alguma forma consciente, de que sua autocombustão se esgotara.

"Let It Be" é uma citação shakespeariana. Aparece em uma importante passagem do cânone, pela boca de Hamlet:

OS BEATLES E BILLY PRESTON

De modo algum. Nós desafiamos o augúrio. Há uma providência especial na queda de um pardal. Se tiver de ser agora, não está para vir; se estiver para vir, não será agora; e se não for agora, mesmo assim virá. O estar pronto é tudo. Se ninguém conhece nada daquilo que aqui deixa, que importa deixá-lo um pouco antes? Seja o que for!

Not a whit. We defy augury. There's a special providence in the fall of a sparrow. If it be now, 'tis not to come. If it be not to come, it will be now. If it be not now, yet it will come—the readiness is all. Since no man of aught he leaves knows, what is't to leave betimes? Let be. (Hamlet, act V, scene 2)

O "Seja o que for" ou "Que seja" — "Let be" ou "Let It be" — shakespeariano é o "Let It Be" dos Beatles. Deixa ser ou deixa

CAPA DO ÁLBUM *ABBEY ROAD*, DE 1969

estar. As coisas vão acontecer, independentemente de nossas angústias. O importante é estar pronto: *"readiness is all"*, isto é, estar pronto é tudo, como diz o príncipe da Dinamarca.

Na última vez em que os Beatles se reuniram em estúdio para gravar um álbum, produziram *Abbey Road*. É significativo que tenham escolhido Abbey Road como título do disco. Afinal, era o endereço dos estúdios da gravadora, em Londres, no qual fizeram as gravações de seus *long plays*. Tratava-se de um tributo ao lar. Acabavam por onde tinham começado, encerrando o ciclo.

LADO A
- Come Together
- Something
- Maxwell's Silver Hammer
- Oh! Darling
- Octopus's Garden
- I Want You (She's So Heavy)

LADO B
- Here Comes the Sun
- Because
- You Never Give Me Your Money
- Sun King
- Mean Mr. Mustard
- Polythene Pam
- She Came in Through the Bathroom Window
- Golden Slumbers
- Carry That Weight
- The End
- Her Majesty[83]

Como com outras capas do grupo, a de *Abbey Road*, com os quatro Beatles atravessando a rua que dá nome ao álbum, tornou-se icônica. Havia, é claro, uma evidente simbologia em "cruzar a rua".

---

83 Venha junto/ Alguma coisa/ O martelo de prata do Maxwell/ Oh! Querida!/ Jardim do polvo/ Eu quero você (ela é tão intensa)/ Lá vem o Sol/ Porque/ Você nunca me dá seu dinheiro/ Rei-Sol/ O maldito Sr. Mostarda/ Pam Polietileno/ Ela entrou pela janela do banheiro/ Sonhos dourados/ Carregar esse peso/ O fim/ Vossa Majestade.

Abbey Road recebeu disco de ouro antes mesmo de seu lançamento. Um feito que dá boa mostra da adoração que os Beatles provocavam.

George, que sempre lutara por gravar suas próprias canções, trouxe, em *Abbey Road*, "Something" e "Here Comes the Sun", duas composições extraordinárias, que se tornaram clássicos da banda. John entrega "Come Together", absolutamente fiel ao seu estilo. Paul une uma série de pequenas canções inacabadas para formar um lindo *medley*, que começa com "You Never Give Me Your Money" e termina em "The End". Foi como se tivessem dividido o álbum, ficando cada um responsável por suas próprias criações.

Com *Abbey Road*, os Beatles se despedem. Percebem que o trabalho deles, como grupo, terminara.

Sentimento semelhante teve Shakespeare ao escrever *A tempestade*, em 1611, a última peça que produz sem a ajuda de outro autor. (Como tudo que se relaciona ao Bardo se debate, também esse tema — de qual seria sua última peça — recebe opiniões diferentes. Há uma obra perdida, chamada *Cardênio*, que possivelmente foi feita depois de *A tempestade*. Talvez isso tenha ocorrido também com *Os dois nobres parentes*, mas aqui, assim como em *Henrique VIII*, Shakespeare escreve com John Fletcher. Muitos ainda questionam se o derradeiro álbum dos Beatles seria *Let It be*, pois, afinal, embora feito antes pela banda, foi o último a ser lançado.)

Já nas primeiras frases do texto (ato 1, cena 1), é lançada a pergunta: "*Where's the master?*", isto é, "Onde está o comandante?". Assim como a cabeça dos quatro integrantes dos Beatles já estava em outro lugar no momento em que gravaram *Abbey Road*, o dramaturgo preparava sua despedida em *A tempestade*. Seu desejo era sair de cena. O mestre já não estava mais lá...

A tempestade conta que Próspero era o Duque de Milão. Todavia, foi-se descuidando de suas obrigações, pois, enfronhado nos livros, passara a se dedicar apenas ao estudo da magia. Acabou destronado por seu irmão, Antônio, que o baniu. Próspero e sua filha, Miranda, chegaram a uma ilha na qual não havia outros seres puramente humanos. Ali passaram a viver.

A peça começa com a tempestade criada por um ser mágico, Ariel, a mando de Próspero. Ele faz com que o barco no qual viaja seu irmão Antônio e outras pessoas naufrague. Próspero pretende que eles cheguem à sua ilha. Inicialmente, planeja vingar-se. O plano de Próspero funciona.

Um dos náufragos é Fernando, jovem filho do rei de Nápoles. Ele chega à ilha e encontra Miranda. É o primeiro homem, excetuando o seu pai, que Miranda vê na vida. Os dois se apaixonam imediatamente. Talvez também por isso, Próspero desiste de seu projeto de vingança. Quer perdoar o irmão, que o prejudicara no passado.

> *Os crimes deles me tocaram fundo,*
> *Mas co'a razão, mais nobre, contra a fúria*
> *Tomo partido: a ação mais rara*
> *'Stá na virtude, mais que na vingança.*[84]

Após um período difícil, Próspero encontra um sol: "Here Comes the Sun".

Nesta canção, os Beatles se valem da imagem do inverno sendo vencido pela chegada do Sol. "Little darling, it's been a long cold lonely winter." O frio e solitário inverno foi uma metáfora largamente usada por Shakespeare, como no monólogo que

---

84 Though with their high wrongs I am struck to th' quick,/ Yet with my nobler reason 'gainst my fury/ Do I take part. The rarer action is/ In virtue than in vengeance. (*The Tempest*, act V, scene I)

marca o início de *Ricardo III* — "Agora, o inverno do nosso descontentamento/ Foi convertido em glorioso verão por este Sol de York", ou, no original "Now is the winter of our discontent/ Made glorious summer by this sun of York" — e, para dar outro exemplo, no título de *Conto de inverno*. O inverno simboliza um período de dificuldades. Com a chegada do Sol, tudo fica claro.

Próspero abandona a magia e retoma sua vida.

Uma das mais belas faixas de *Abbey Road* é a canção "Golden Slumbers". Foi composta por Paul McCartney a partir de um poema com o mesmo título, feito para uma peça do dramaturgo inglês Thomas Dekker, de 1603. Dekker, contemporâneo de Shakespeare, foi autor de diversas peças. Eis seu original, amplamente aproveitado por Paul:

Golden slumbers kiss your eyes,
Smiles awake you when you rise;
Sleep, pretty wantons, do not cry,
And I will sing a lullaby,
Rock them, rock them, lullaby.

Care is heavy, therefore sleep you,
You are care, and care must keep you;
Sleep, pretty wantons, do not cry,
And I will sing a lullaby,
Rock them, rock them, lullaby.[85]

---

85   Uma possível tradução: Sonhos dourados beijam seus olhos,/ Sorrisos lhes acordam pela manhã,/ Durmam, belos jovens, não chorem,/ E eu lhes cantarei uma canção de ninar,
E os embalarei numa canção de ninar.// O trabalho é pesado, portanto, durmam,/ Vocês estão cansados e precisam de cuidados;/ Durmam, belos jovens, não chorem,/ E eu lhes cantarei uma canção de ninar,
E os embalarei numa canção de ninar.

JOHN GIELGUD COMO PRÓSPERO, DE *A TEMPESTADE*

Próspero, em *A tempestade*, abdica de seus poderes mágicos. O mesmo faz Shakespeare naquele momento de sua carreira, quando decide voltar para casa, deixando para trás sua fama em Londres. Os Beatles, da mesma forma, escolhem desapegar-se do poder que existia pelo simples fato de serem quem eram.

A fala final de Próspero funciona como testamento literário de Shakespeare. Tal como Próspero, Shakespeare renuncia à sua magia.

Nossa festa acabou. Nossos atores,
Que eu avisei não serem mais que espíritos,
Derreteram-se em ar, em puro ar;
E como a trama vã desta visão,

As torres e os palácios encantados,
Templos solenes, como o globo inteiro,
Sim, tudo o que ela envolve, vai sumir
Sem deixar rastros. Nós somos do estofo
De que se fazem sonhos; e esta vida
Encerra-se num sono.[86]

A última música gravada pelos Beatles chama-se "The End". Ela diz simplesmente:

And in the end
The love you take
Is equal to
The love you make[87]

Paul, ao elaborar esses versos, recebeu uma luz de Shakespeare. Valeu-se de uma forma usada pelo Bardo para encerrar suas peças, marcando o fim da ação.

Tanto Shakespeare como os Beatles se despedem.

---

86   *Our revels now are ended. These our actors, / As I foretold you, were all spirits, and/ Are melted into air; into thin air, / And, like the baseless fabric of this vision, / The cloud-capped towers, the gorgeous palaces, The solemn temples, the great globe itself, / Yea, all which it inherit, shall dissolve/ And, like this insubstantial pageant faded, / Leave not a rack behind. We are such stuff/ As dreams are made on, and our little life/ Is rounded with a sleep. (The Tempest, act IV, scene I)*

87   "E no fim/ O amor que se leva/ É o mesmo/ Amor que se dá."

edgar gave t
a craft a ha
the cort abo

owley a m
lynd shda

it pastly
stah

coat

EPÍLOGO
NOSSO CAMINHO
COM OS GÊNIOS

Amor, amor, só o amor, sempre e mais o amor!

– TROILO E CRÉSSIDA, ATO II, CENA 1 [88]

All you need is love [89]

Que é um clássico?

Costuma-se atribuir o termo "clássico" a um escritor romano, Aulo Gélio, que viveu no segundo século antes de Cristo. No seu longo trabalho *Noctes Atticae*, ele se vale da palavra "clássico" para se referir àquilo que goza de alguma classe, contrapondo-se ao que seria rude, sem educação, sem refinamento. Logo, os romanos passaram a se referir como clássicas às grandes obras

---

88 *Love, love, nothing but love. (Troilus and Cressida, act II, scene I)*
89 Tudo o que você precisa é amor.

gregas do passado, tanto na literatura, com Homero, Hesíodo e Esopo, como nas artes, com Fídias, Policleto e Praxíteles.

Clássico, portanto, é aquilo que resistiu ao tempo.

Clássico não se faz com uma moda ou uma curiosidade. Clássico não cuida de um evento específico, datado.

E o que faz algo resistir ao tempo?

Ben Jonson, dramaturgo contemporâneo do Bardo de Stratford, vaticinou ao apresentar o *First Folio*, onde as peças do Bardo foram compiladas, em 1623: "Shakespeare não pertenceu a uma época, mas a toda a eternidade." Não sem razão, Shakespeare, na virada para o século XXI, foi eleito, na Inglaterra, o "homem do milênio", isto é, a pessoa mais importante do milênio que se passara.

Algo clássico é capaz de receber uma nova interpretação a cada geração, sem jamais perder a essência. Ao longo dos séculos, as peças de Shakespeare foram lidas de formas diversas. *O mercador de Veneza* já foi tratada como obra antissemita, mas também como denúncia à estupidez do preconceito. O ancião rei Lear pode ser visto como culpado ou vítima, enquanto a peça já foi tratada tanto como alegoria cristã quanto como alegoria anticristã. *A megera domada* tem como ser lida como um conto da submissão da mulher em relação ao homem ou, com o mesmo vigor, como a sua libertação. Com o tempo, as peças evocam novas interpretações, novas discussões; as antigas apreciações ganham outras roupagens.

Igual fenômeno vimos com as canções dos Beatles. Elas embalaram algumas gerações. São regravadas e servem de inspiração para novas experiências.

Tudo porque cuidam da nossa essência — e, por isso, tornam-se clássicos.

No caso de Shakespeare, foram aproximadamente 21 anos sem precedentes na literatura em termos de produção. No dos

Beatles, sete anos também inigualáveis na indústria fonográfica. É muito difícil encontrar paralelos — salvo entre eles próprios.

Assim como a *beatlemania*, existe a *bardolatria*, um grupo gigantesco, sempre ativo, de pessoas apaixonadas por seus ídolos: os Beatles e Shakespeare — ou mesmo os dois.

O fenômeno é mundial. Shakespeare recebeu, ao longo do tempo, denominações curiosas fora da Inglaterra, como Crollalanza, na Itália, Sheikh Zubair, nos países árabes, Jacques Pierre, na França, ou Sigispero, na Alemanha — serviu-se, até mesmo, do diminutivo Chespirito ("pequeno Shakespeare") para tratar um comediante mexicano mundialmente popular — que no Brasil, porém, ficou conhecido como "Chaves", perdendo a oportunidade de ser o "Shakespearzinho".

Os gregos antigos possuíam um panteão de deuses que em tudo se assemelhavam aos humanos. Na verdade, como diz Heródoto, os deuses gregos eram *anthropophyeis*, isto é, não possuíam apenas a mesma forma humana, mas desfrutavam também da mesma natureza. Zeus, Afrodite, Atenas, entre outros, tinham a nossa aparência. A diferença, entre eles e nós, ficava por conta das superlativas qualidades divinas, em tudo exageradas: eram extraordinariamente mais fortes, mais belos, mais inteligentes, mais ciumentos, mais arrogantes, mais vaidosos do que nós. Eram super-homens, exacerbados tanto nas qualidades como nos defeitos. Os deuses, na visão dos antigos gregos, estavam expostos aos mesmos sentimentos dos homens, porém sentiam tudo de forma mais profunda e intensa. Experimentavam frustrações semelhantes, entretanto reagiam com mais força.

Esses grandes gênios da humanidade, tal como os deuses gregos, são, no fundo, iguais a nós, reles mortais. Somos todos feitos do "mesmo estofo" de que se fazem os sonhos, como ensinou Próspero, de *A tempestade*.

O caminho deles, assim como o nosso, passa pela mesma estrada, longa e cheia de ventos, como narrada por Jaques, personagem de *Como gostais*:

> O mundo é um grande palco
> E os homens e as mulheres são atores —
> Tem as suas entradas e saídas,
> E um homem tem na vida várias partes
> Seus atos sendo sete: Chora, grita
> E soluça o infante aos braços da ama;
> Depois o colegial, com sua pasta
> E a cara matinal, como um lagarto
> Se arrasta sem vontade à escola. O amante,
> Bufando como um forno, uma balada
> Faz aos olhos da amiga. Eis o soldado,
> Com pragas e barba arrepiada;
> Zeloso de sua honra, ágil na luta
> A perseguir a ilusão da glória
> Mesmo na boca de um canhão. E agora
> O juiz, de vasta pança bem forrada,
> Olhos severos e serrada barba,
> Cheio de sábias leis e ocos exemplos,
> Faz seu papel. A sexta idade o muda
> Em Pantalão magrela e de chinelos,
> Óculos no nariz, sacola ao lado;
> As roupas bem poupadas são um mundo
> Para as canelas secas; sua voz,
> Possante outrora, volta à de criança,
> Falha e assovia. Então a última cena
> Que põe um fim a essa vária história:

É a segunda infância, o próprio olvido,
Sem sentidos, sem olhos, sem mais nada.[90]

Shakespeare teve perdas em sua infância e juventude. Seu pai faliu financeiramente e foi excluído da vida social. O dramaturgo se viu forçado a casar-se de maneira prematura. Deixou a família em Stratford para buscar seu sonho em Londres. Enfrentou rivais, sofreu críticas, mas aprendeu seu ofício, tomando por base os modelos bem-sucedidos que encontrou no mercado.

Com os Beatles não foi diferente. Todos os quatro integrantes da banda, nascidos na periferia de uma cidade portuária, tiveram de lutar arduamente para alcançar o sucesso. Nenhum deles recebera educação musical formal. Venceram pelo esforço e talento.

Shakespeare e os Beatles não nasceram com privilégios. Não tinham parentes importantes, não pertenciam à aristocracia. Não receberam qualquer vantagem em razão de sua origem. Ao contrário, como gente do povo, para obter o reconhecimento de suas qualidades, seguiram uma via árdua.

---

90 All the world's a stage, / And all the men and women merely players;/ They have their exits and their entrances, And one man in his time plays many parts, / His acts being seven ages. At first, the infant,/ Mewling and puking in the nurse's arms./ Then the whining schoolboy, with his satchel/ And shining morning face, creeping like snail/ Unwillingly to school. And then the lover, / Sighing like furnace, with a woeful ballad/ Made to his mistress' eyebrow. Then a soldier, / Full of strange oaths and bearded like the pard,/ Jealous in honour, sudden and quick in quarrel,/ Seeking the bubble reputation/ Even in the cannon's mouth. And then the justice,/ In fair round belly with good capon lined,/ With eyes severe and beard of formal cut,/ Full of wise saws and modern instances;/ And so he plays his part. The sixth age shifts/ Into the lean and slippered pantaloon,/ With spectacles on nose and pouch on side;/ His youthful hose, well saved, a world too wide/ For his shrunk shank, and his big manly voice,/ Turning again toward childish treble, pipes/ And whistles in his sound. Last scene of all,/ That ends this strange eventful history,/ Is second childishness and mere oblivion,/ Sans teeth, sans eyes, sans taste, sans everything. (As You Like It, act II, scene 7)

O dramaturgo e a banda de Liverpool aprenderam com o que já existia. No começo, imitavam os padrões de sucesso da época. Depois, como jovens, falaram a língua dos jovens e trataram de temas juvenis: as descobertas e os limites — percebendo o perigo das aparências. Shakespeare fez isso com *Romeu e Julieta* e *O mercador de Veneza*, enquanto os Beatles tiveram *With the Beatles* e *A Hard Day's Night*.

Como ocorre na vida de todos nós, uma hora se grita: "*Help!*" Queremos rever nossos valores, somos tomados por dúvidas, temos de reforçar as crenças. Experimentamos momentos de introspecção. Será que não passamos de um "*nowhere man*"? Perguntamos a nós mesmos: ser ou não ser? Shakespeare passou por isso. Os Beatles também. E cada um de nós, da mesma forma.

De repente, sem nos darmos conta de exatamente como, atingimos um equilíbrio voluntarioso, cheio de caprichos, que muitos chamam de maturidade. Refletimos com mais serenidade. Olhamos para a frente sem esquecer o que se passou. Podemos, então, explorar nossas faculdades, aplicar os talentos que desenvolvemos. Mas isso chega com perdas e sofrimento, como se vê em *Otelo*, no *Rei Lear* e no *Álbum branco*. A maturidade, tanto para Shakespeare como para os Beatles, foi um período de grande produção e criatividade.

A vida é finita. O palco não estará sempre disponível. Compreendemos nossa limitação temporal. Aprendemos a perdoar. Perdoamos a nós mesmos, como Leontes de *O conto de Inverno*. Perdoamos quem nos desapontou — tal como fez Próspero em *A tempestade*. Mesmo com a relação dos quatro Beatles em frangalhos, eles souberam que, "no fim", o amor que se obtém é aquele que se dá.

Saber parar é uma sabedoria.

COBBE PORTRAIT, RETRATO DE WILLIAM SHAKESPEARE

Os dois — Shakespeare e os Beatles —, apesar de seu caráter conservador, foram profundamente inovadores. Possuíam uma rebeldia controlada e, assim, transformaram o sistema partindo dele próprio. Catarina, de *A megera domada*, passa da posição de rebelde àquela de controladora, sem destruir o sistema, mas apenas por sua inteligência e sutileza. Em "Revolution", John canta aos berros que todos nós queremos mudar o mundo, mas, quando se fala em destruição, pede para não contar com ele (*"But when you talk about destruction/ Don't you know that you can count me out"*).

Embora críticos, souberam encaminhar as questões, mostrando que revoluções podem ser feitas sem sangue. Afinal, "os poetas", como apontou Shelley, "são os legisladores não reconhecidos do mundo".

Em suas trajetórias, jamais Shakespeare ou os Beatles se valeram de explicações divinas. Nunca remeteram suas peças ou canções para um campo que não fosse o puramente humano. Eles nos tocaram tratando de experiências simples, vivências comuns a todos nós. As pessoas se apaixonam e sofrem desilusões. Encontram dificuldades e lutam para superá-las.

O legado de Shakespeare parece não ter limites. Ele apenas aumenta com o tempo. Para começar, Shakespeare praticamente inventou a língua inglesa. Fez para o inglês o que Dante, Petrarca e Boccaccio fizeram para o italiano, Cervantes para o espanhol ou Lutero e Goethe para o alemão. Contudo, Shakespeare possivelmente foi superior. O Bardo estabeleceu uma forma de tratar os personagens como seres humanos e antecipou em alguns séculos, intuitivamente, o conceito de subconsciente (não sem razão, Freud maravilhava-se com suas peças). Hamlet, Romeu, Próspero, Otelo, Lear, Catarina, Julieta, Lady Macbeth, entre tantos outros personagens, se enfronharam fundamentalmente na cultura universal.

Os Beatles, por sua vez, carregaram o mundo junto com eles, numa viagem que nasce de forma ingênua para atingir uma maturidade cheia de personalidade e espírito crítico. Os músicos de rock passaram a ser respeitados intelectualmente. O artista tinha algo a dizer. Suas canções nos emocionaram e continuam marcando nossas vidas.

O mundo seria diferente, mais pobre e menos iluminado, sem Shakespeare e os Beatles.

Outros gênios absolutos tiveram caminhos semelhantes.

Segundo Fernando Pessoa, homens como Shakespeare e Leonardo da Vinci "são prefigurações de alguma coisa maior do que o homem".[91] Pessoa coloca os dois como os arquétipos do gênio.

Leonardo da Vinci, que deu alma à Renascença italiana — período de extraordinárias transformações —, era filho bastardo de um notário com uma camponesa. Não teve a oportunidade de estudar em um colégio, muito menos numa universidade. Por conta de seu talento, trabalhou, ainda jovem, como assistente e aprendiz em ateliês de outros artistas, notadamente no de Andrea del Verrocchio, onde aprimorou sua habilidade de pintar. No começo, produziu obras que seguiam o padrão. Valeu-se de temas religiosos, como a Anunciação e o Batismo de Cristo.

As duas Anunciações de Da Vinci, feitas entre 1472 e 1482, encontram-se na Galleria degli Uffizi e no Louvre — em Florença e Paris, respectivamente. Nelas, embora se identifique a habilidade incomum do autor, percebe-se o respeito a um padrão.

---

91 PESSOA, Fernando. *Obras em prosa*. Rio de Janeiro: Nova Aguilar, 1986, p. 487.

AUTORRETRATO DO ARTISTA LEONARDO DA VINCI (1512)

Adiante, em sua carreira, Da Vinci revelou seus arroubos juvenis, pintando, entre 1474 e 1478, a bela Ginevra de Benci e Cecilia Gallerani com um arminho. O quadro de Cecilia, a amante do seu então patrono, Ludovico Sforza, encontra-se carregado de significados. As questões existenciais de Da Vinci são reveladas numa série de obras inacabadas. A maturidade se revela com a *Mona Lisa*, elaborada entre 1503 e 1506. Nela, o gênio demonstra seu colossal talento. Por fim, em 1516, Da Vinci, mirando o espectador com um sorriso enigmático, se despede com a pintura do santo de sua especial devoção, São João Batista, apontando para cima, numa tela cheia de simbologias. O polímata morre em 1519, em Amboise, na França. Segundo a lenda, o artista morre nos braços do rei francês Francisco I, que o idolatrava.

Corretamente, o compositor Richard Wagner aponta Shakespeare como o protótipo do gênio. Diz que ele ficou sem rival até que surgiu Beethoven.[92]

Ludwig van Beethoven nasceu em Bonn no ano de 1770, numa família de músicos. Cedo, revelou-se um virtuoso compositor e exímio pianista. Teve, entretanto, uma infância difícil, inclusive por causa dos limitados recursos financeiros de sua família.

No início, suas sonatas e trios se assemelhavam ao padrão, influenciadas por Haydn e Mozart. Beethoven pretendia, num primeiro momento, dedicar sua Terceira Sinfonia a Napoleão Bonaparte, que ele imaginava um líder jovem, defensor de iluminados ideais de liberdade e igualdade. Quando percebe que Napoleão seria mais um ditador, desiste da homenagem.

---

92   WAGNER, Richard. *Beethoven*. Rio de Janeiro: Zahar, 2010, p. 74.

RETRATO DE LUDWIG VAN BEETHOVEN AO COMPOR A "MISSA SOLEMNIS"

Com o tempo, o compositor se desenvolve como artista. Apresenta, em 1807, sua Sexta Sinfonia, a *Pastoral*. Ainda nesse ano de 1807, em sintonia com o sentimento de sua geração, revela a fascinação por Shakespeare e elabora a abertura da peça *Coriolano* (fez, também, esboços para musicar *Macbeth*, que abandonou porque a obra "ameaçava tornar-se por demais sombria").

Beethoven, assim como sucedeu com Da Vinci e Shakespeare, e assim como ocorreria com os Beatles, teve sua genialidade reconhecida em vida. Isso permitiu-lhe, de forma precursora, ser um músico livre, desvinculado de um mecenas ou protetor. Essa circunstância lhe garantia ampla liberdade de criação.

Aos 46 anos, acredita-se que Beethoven já se encontrava totalmente surdo. A doença auditiva o estivera acompanhando desde os 26 anos de idade. Aos poucos, o mal se agravava. Isso, naturalmente, trouxe enorme frustração ao músico. Nada, entretanto, o impediu de atingir a maturidade. Em 1814, dá ao público a *Polonesa* e as *Sonatas para Elisa* — todas obras-primas.

Já sem nada escutar, em sua despedida, Beethoven apresenta a Nona Sinfonia em 1824, em cujo coro faz uma adaptação do poema *Ode à alegria*, do poeta alemão contemporâneo Friedrich Schiller. Tratava-se de uma inovação revolucionária, na medida em que, até então, corais não eram inseridos em peças eruditas. Beethoven promove o casamento da música com a poesia. Também se despedia.

Beethoven impulsionou a caminhada do clássico para o romântico, permitindo que o artista expressasse, de forma ampla, seus sentimentos.

O genial músico faleceu em 1827.

Para muitos, Joaquim Maria Machado de Assis é o maior expoente da literatura brasileira. Um gênio. Seus incontáveis admiradores também conseguem, a partir da análise de suas obras, percorrer seu caminho. No começo, Machado de Assis oferece romances ingênuos, como *A mão e a luva* e *Helena*, bem ao gosto da sua época. Em *Helena*, de 1876, fala-se do tema do amor proibido, da morte prematura e trágica do protagonista, num estilo novelesco. Seguia-se, dessa forma, um modelo dominante: sim, um tema jovial. A seguir, em 1878, construindo sua identidade, Machado lança *Iaiá Garcia*. Embora ainda seja considerado um livro da fase romântica, nele o autor já apresenta os estudos psicológicos que iriam consagrá-lo, com personagens mais elaborados. Seu enredo fala de um triângulo amoroso, cujo desfecho incerto prende a atenção do leitor até o fim do livro.

Machado de Assis, em seguida, também passou por uma fase melancólica e intimista. *Memórias Póstumas de Brás Cubas*, de 1880, surpreende porque é narrado por um defunto, um homem morto, que conta sua vida. O livro fala de filosofia e de desencontros típicos de nossa humana condição.

A plena maturidade do escritor resplandece em *Quincas Borba* e, principalmente, em *Dom Casmurro*. Neste último livro, de 1899, Machado conta a história de Bentinho, um homem de temperamento introspectivo. Ele desconfia de que sua mulher, Capitu, tivera um caso amoroso com seu melhor amigo, Escobar. Machado, de forma generosa, deixa o leitor decidir se houve ou não o adultério.

Em *Dom Casmurro*, Machado de Assis, além de outras diversas referências literárias, faz alusão a quatro obras de Shakespeare: *As alegres comadres de Windsor*, *O rapto de Lucrécia*, *Macbeth* e *Otelo*. Com relação a esta última, encontram-se

RETRATO DO AUTOR MACHADO DE ASSIS

várias alusões, e até mesmo reproduções de falas. Bentinho, no capítulo CXXXV, vai assistir a *Otelo* no teatro — pelo personagem machadiano qualificada como "a mais sublime tragédia deste mundo" —, fazendo, na sua cabeça, comparações de Capitu com Desdêmona. Como se mencionou, na peça de Shakespeare, Otelo, o general mouro, acredita que sua mulher, Desdêmona, lhe é infiel com seu subordinado Cássio, repetindo-se a situação experimentada por Bentinho. Por conta desse ciúme — "o monstro de olhos verdes" —, Otelo acaba por assassinar sua esposa. Bentinho, porém, ao contrário do general mouro, é dado a profundas reflexões, como Hamlet: está mais para pensar do que agir.

Por fim, o grande escritor brasileiro, em 1908, o ano mesmo de sua morte, publica *Memorial de Aires*, sua despedida. Há um claro viés autobiográfico ali, pois se relata o dedicado amor do Conselheiro Aires por sua mulher, o mesmo amor que Machado consagrava à sua esposa, Carolina, falecida poucos anos antes. O casal do romance, tal como Machado e sua mulher, não tivera filhos. Com esse livro, Machado de Assis, o "Bruxo do Cosme Velho" (alcunha que alude ao bairro carioca em que morou), diz "adeus" por meio de seu personagem, um velho Conselheiro que, com ironia e espírito crítico, analisa sua própria existência, que ele sabe estar no fim. Embora solitário, Aires vê o mundo com compaixão.

Machado de Assis teve uma origem humilde. Negro, filho de escravos alforriados, nascera no Morro do Livramento, no Rio de Janeiro, quando o Brasil ainda era um império. Assim como Shakespeare e os Beatles, não cursou universidade. Contudo, era curioso e um ávido leitor. Casa-se com a portuguesa Carolina Augusta, a quem e por quem se manteve sempre fiel e apaixonado. Sua vida foi uma constante luta para se estabelecer numa sociedade preconceituosa. Sua incomum capacidade falou mais alto. Quando faleceu, estava consagrado.

Pelas suas obras, consegue-se ver que Machado de Assis, outro gênio, seguiu o mesmo caminho de Shakespeare e dos Beatles.

Da Vinci, Beethoven e Machado de Assis percorreram vias paralelas. Apesar dos contratempos — comparáveis aos que passamos —, não lhes faltou coragem para expor seu cintilante talento, sua profunda sensibilidade, sua invulgar inteligência. Ao fim, tiveram a clareza de se despedir na hora certa.

Como se disse, nenhum desses gênios — da mesma forma que Shakespeare e os quatro Beatles — nasceu numa família abastada, com conexões ou privilégios. Nenhum deles tinha parentes poderosos. Ascenderam pela sua própria luz. Todos, entretanto, apesar de extremamente talentosos, sabiam da importância do estudo e do aprimoramento.

Evidentemente, não somos Shakespeare ou os Beatles. Nem somos Da Vinci, Beethoven ou Machado de Assis. Mas, assim como esses verdadeiros gênios, também trilhamos um caminho. As nossas estradas individuais têm a largura dos nossos sonhos, das nossas aspirações, do nosso esforço. Nisso, como humanos, em nada nos diferenciamos dos gênios.

Hamlet, ainda no primeiro ato da peça que tem seu nome, afirma que, embora as pessoas possam representar, "eu [diz o príncipe dinamarquês] tenho algo em mim além da encenação".[93] Os gênios extraordinários, assim como nós, guardam algo além de suas realizações e façanhas. Conhecer a vida deles serve de inspiração. Afinal, o caminho deles, bem examinado, não difere do nosso.

---

93 *For they are actions that a man might play. / But I have that within which passeth show.* (*Hamlet, act I, scene 2*)

Ao ver a beleza e profundidade dessa longa e sinuosa estrada, percebemos que o verdadeiro fim se encontra no percurso.

Se aspiramos, de fato, a aprender e crescer, é natural enfrentar dificuldades. Nada de verdadeiramente bom se faz sem muito esforço. Copiamos os bons exemplos. Testamos. Cruzamos alguns limites. Experimentamos a carência e o excesso. Buscamos um estilo próprio. Erramos. Assimilamos perdas. A maturidade dói. Assim, traçamos nosso caminho.

Legitimamente, queremos nos alargar. Buscamos uma evolução pessoal, abrir nossos horizontes, para ser mais do que somos. Na imagem de C. S. Lewis, precisamos de janelas a fim de ver com outros olhos, sentir com outros corações, imaginar com outras cabeças. Para viver essas outras vidas, valemo-nos de livros, de músicas, de obras de arte feitas por outros, para que possamos compreender o mundo por diferentes perspectivas. Essas experiências proporcionadas pelos gênios, como Shakespeare ou os Beatles, nos permitem esse alargamento. Assim, a solidão será diferente para quem leu *Rei Lear* ou ouviu "For No One", bem como a paixão ganhará outro matiz depois de *Romeu e Julieta* ou de "Something".

Música e literatura — e as artes de forma geral — servem, por meio da exposição da humanidade, para ampliar nossa empatia pelos nossos semelhantes. É um ciclo virtuoso: lemos para conhecer melhor a nossa natureza e, na medida em que a conhecemos melhor, ganhamos mais motivos para nos preocupar com o próximo. Afinal, concluiu Ralph Waldo Emerson, "o homem não pode pintar, construir ou pensar mais nada além do próprio homem".[94]

---

94 EMERSON, Ralph Waldo. *Homens representativos*. Rio de Janeiro: Imago, 1996, p. 13.

Colhemos importantes lições desses gênios. Talvez a mais viva delas seja a de que devemos manter nossas cabeças arejadas, despidas de preconceitos, ávidas por conhecer, humildes para sempre começar de novo, reconhecendo com humor nossas limitações. Quem se abre encontrará sempre muitos motivos para viver — tais como assistir a *Hamlet* e ouvir *Let It Be*.

THE TRAGEDY OF HAMLET

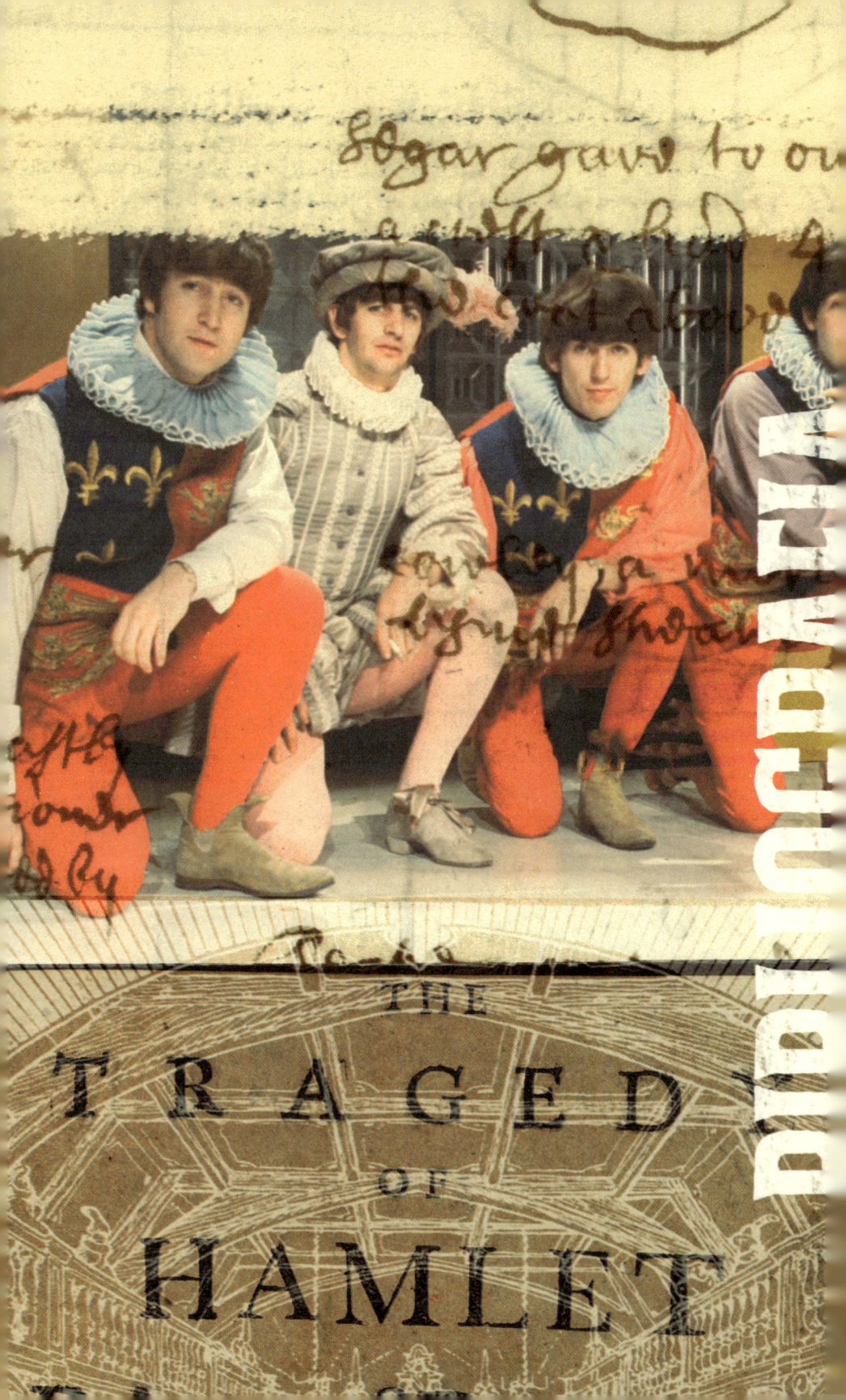

BIBLIOGRAFIA

ARENDT, Hannah. *A condição humana*. 11ª ed., Rio de Janeiro: Forense Universitária, 2010.
BATE, Jonathan. *The Genius of Shakespeare*. London: Picador, 2008.
BLOOM, Harold. *Gênio*. Rio de Janeiro: Objetiva, 2003.
BRADBROOK, M. C. *The Living Monument*. Cambridge: Cambridge University Press, 1976.
BURKE, Peter. *O polímata*. São Paulo: Unesp, 2020.
CAMPBELL, Joseph. *The Hero with a Thousand faces*. New York: MJF Books, 1949.
CAMPBELL, Oscar James. *The Sonnets, Songs and Poems of Shakespeare*. New York: Schocken Books, 1967.
CARLYLE, Thomas. *Os heróis e o culto dos heróis*. São Paulo: Cultura Moderna, s/a.
CAVENDISH, Leslie. *El peluquero de los Beatles*. Madrid: Urano 2018.
DOGGET, Peter. *A batalha pela alma dos Beatles*. Curitiba: Nossa Cultura, 2012.
EMERICK, Geoff. *Here, There and Everywhere*. London: Gotham, 2006.
EMERSON, Ralph Waldo. *Homens representativos*. Rio de Janeiro: Imago, 1996.
FLUCHÈRE, Henri. *Shakespeare*. London: Longman, 1953.
FRYE, Roland Mushat. *Shakespeare's Life and Times*. New Jersey: Princeton University Press, 1967.
GREENBLATT, Stephen. *Como Shakespeare se tornou Shakespeare*. São Paulo: Companhia das Letras, 2011.
HARRY, Bill. *The John Lennon Encyclopedia*. London: Virgin, 2000.
HARTNOLL, Phyllis *et al*. *Shakespeare in Music*. London: Macmillan & Co., 1964.
HOLDEN, Anthony. *William Shakespeare*: the man behind the genius. Boston: Little, Brown and Company, 1999.

HUBLER, Edward. *Shakespeare's Songs and Poems*. New York: McGraw-Hill, 1959.

INGHAM, Chris. *The Rough Guide to the Beatles*. 2ª ed., London: Rough Guides, 2006.

JONES, Lesley-Ann. *Quem matou John Lennon?*. Rio de Janeiro: Rocco, 2020.

KAY, Dennis. *Shakespeare*: His Life, Work and Era. New York: William Morrow and Co., 1992.

KUHN, Thomas. *A estrutura das revoluções científicas*. 9ª ed. São Paulo: Perspectiva, 2007.

LEWIS, C. S. *The Reading Life*. New York: HarperCollins, 2019.

LINDHOLM, Charles. *Carisma*. Rio de Janeiro: Zahar, 1993.

LUDWIG, Emil. *Beethoven*. 2ª ed. São Paulo: Companhia Editora Nacional, 1960.

MALIK, Kenan. *The Quest for a Moral Compass*. Brooklyn: Melville House Publishing, 2014.

MAUSS, Marcel. *Sociologia e antropologia*. São Paulo: Cosac & Naify, 2003.

MILES, Barry. *Los Beatles día a día*. Barcelona: Robinbook, 2002.

MUGGIATI, Roberto. *A Revolução dos Beatles*. Rio de Janeiro: Ediouro, 2007.

NAYLOR, Edward W. *Shakespeare and Music*. New York: Da Capo Press, 1965.

NIELSON, Willian Allan *et al*. *The Facts about Shakespeare*. New York: Macmillan, 1915.

NIETZSCHE, Friedrich. *Crepúsculo dos ídolos*. 5ª ed. Rio de Janeiro: Nova Fronteira, 2017.

NOLE, Stephanie *et al*. *O rosto de Shakespeare*. Rio de Janeiro: Record, 2004.

PESSOA, Fernando. *Obras em prosa*. Rio de Janeiro: Nova Aguilar, 1986.

PUGIALLI, Ricardo. *Beatlemania*. São Paulo: Ediouro, 2008.

RHYS, Ernest. *Songs from the Plays of Shakespeare*. New York: E.P. Dutton, 1899.

ROWSE, A. L. *What Shakespeare Read — and Thought*. New York: Coward, McCann & Geoghegan, 1981.

SCHELER, Max. *Le Saint, Le Génie, Le Héros*. Lyon: Emmanuel Vite, 1958.

SENNET, Richard. *O declínio do homem público*. São Paulo: Record, 2004.

SPEAIGHT, Robert. *Shakespeare*: the man and his achievement. New York: Cooper Square, 2000.

SPITZ, Bob. *The Beatles*: a biografia. São Paulo: Larousse, 2007.

STERNFELD, F. W. *Music in Shakespeare Tragedy*. London: Routledge, 1963.

TURNER, Steve. *A Hard Day's Write*. London: Carlton Book, 1995.

VAHLAND, Kia. *Leonardo da Vinci e o feminino*. São Paulo: Novo Século Editora, 2019.

WAGNER, Richard. *Beethoven*. Rio de Janeiro: Zahar, 2010.

WEINER, Eric. *The Geography of Genius*. New York: Simon & Shuster, 2016.

WEIS, René. *Shakespeare Unbond*. New York: Henry Holt, 2007.

WILLS, Gary. *Verdi's Shakespeare*. New York: Penguin, 2011.

WOOD, Michael. *In Search of Shakespeare*. London: BBC Books, 2005.

Direção editorial
DANIELE CAJUEIRO

Editor responsável
HUGO LANGONE

Produção editorial
ADRIANA TORRES
MARIANA BARD
JÚLIA RIBEIRO

Copidesque
ALVANÍSIO DAMASCENO

Pesquisa Iconográfica
PRISCILA SEREJO

Revisão
ALESSANDRA VOLKERT
RITA GODOY

Projeto gráfico e diagramação
SÉRGIO CAMPANTE

Este livro foi impresso em 2021
para a Nova Fronteira.